经济日报记者丛书

每周经济观察

顾阳 著

经济日报出版社

做党和人民信赖的合格新闻工作者

“做党的政策主张的传播者、时代风云的记录者、社会进步的推动者、公平正义的守望者。”这是习近平总书记在党的新闻舆论工作座谈会上，对广大新闻舆论工作者提出的明确要求和殷切期望。

经济日报创刊40年来，在风云激荡中引领思想，在众声喧哗中回应民意，忠实记录了中国改革开放波澜壮阔的光辉历程，见证了经济跨越、社会进步和国家富强，谱写出无愧于时代的华彩篇章。

与时代同步、与人民同行。40年来，经济日报涌现出一大批优秀的党的新闻工作者，他们不忘初心、牢记使命，坚持正确的政治方向、舆论导向、新闻志向和工作取向，在弘扬传统中持续深化改革创新，在改进报道中不断讲好中国故事。

人才是事业发展的根本保证，提升新闻传播力、引导力、影响力、公信力，离不开一支高素质的新闻人才队伍。多年来，经济日报社高度重视人才队伍建设，不断创新人才培养方式方法，持之以恒地为记者成长成才提供平台、创造空间。

近两年，我们为12名青年记者同时开设个人言论专栏，是一次成功的探索和尝试，这在中央党报乃至整个中国新闻界都是不多见的。我们遴选的这批记者拥有多年跑口经验，既具备研究素养，又有大众化传播才华，陆续开设《每周经济观察》《国际经济观察》《忠阳车评》《三农瞭望》《粮食大事》《市场监管》《香江观察》《财金视野》《科创之声》《房地产周评》《能源广角》《文体市场面面观》等12个固定评论专栏。这些专栏具有个人风格和专业特色，其针对社会现象和舆论热点的立场表达，是对编辑部文章、社论、评论员文章等重要评论的补充和延伸，满足了不同类型读者的阅读需求，对于放大主流观点、凸显经济特色起到了独特作用。

目前，经济日报已构建起由编辑部文章、评论员文章、一版"金观平"文章、12名青年记者个人专栏、时评版以及"头条热评"等组成的评论传播矩阵，"评论立报"的格局初步形成，并与"调研兴报""理论强报""开门办报"一起，成为推动经济日报高质量发展的工作重点。

媒体融合发展时代，在新闻越来越难以实现"独家"的前提下，立论就是立报之本，要以权威观点、独到视角和理性分析获得优势、占据主导。实践证明，无论媒体生态如何变化，无论传播方式如何迭代，一篇有思想、有温度又兼具良好阅读体验的评论文章，一个集"颜值""言值"和"研值"于一体的评论专栏，其本身就是闪光、有力且自带流量的。

一批评论专栏能赢得受众、成为品牌，是与专栏记者的努力分不开的，是与同志们悉心培养、全力推动分不开的。

在我看来，尊重才华，尊重个性，给年轻同志开专栏，既是提高报纸质量的重要方式和有力举措，也是培养优秀新闻人才队伍的重要方法和有效途径。报社成就着记者，记者也在成就着报社，二者是共生共荣、一同成长的发展共同体。

总体看，12个个人专栏评论时效性强、热点抓得准，兼具了高度、深度和广度等特点，但也要看到，因为多种因素制约，这些专栏文章还存在不足。差距是潜力也是动力，青年记者要继续在实践中增强“四力”，既要掌握好信息的第一发布权，也要掌握好第一解释权，守好新闻舆论阵地，引导好社会预期。

以笔为犁千秋业，只在承前启后中。习近平总书记指出，“我们这一代人，继承了前人的事业，进行着今天的奋斗，更要开辟明天的道路。”在新时代新征程上，唯有踔厉奋发、笃行不怠，方能成为一名党和人民信赖的合格新闻工作者。

（作者系经济日报社社长兼总编辑）

目　录

Contents

做党和人民信赖的合格新闻工作者　/ 1

以更高水平开放构建新发展格局　/ 1

从抗疫精神中汲取经济发展力量　/ 4

我国利用外资仍处战略机遇期　/ 7

自贸试验区建设既要谋“子”更要谋“势”　/ 10

让假日经济之花常开不败　/ 13

从三个新高看中国经济韧性和活力　/ 16

下功夫激活消费这个最大变量　/ 19

用好生态系统生产总值核算这个标尺　/ 22

扩内需促消费提升发展动力　/ 25

从三组数字感知中国经济温度　/ 28

RCEP 签署让“中国封闭论”不攻自破　/ 31

数字化社会呼唤更多人文关怀　/ 34

用深化改革不断提升创新“势能”　/ 37

外贸创新高更要重视创新发展　/ 40

促进更高水平的供需动态平衡 / 43
“外资安全审查导致开放倒退”是误读 / 46
从“两个目录”之变感受民生温度 / 49
推动绿色发展要“大手笔”也需“绣花功” / 51
污水是第二水源，要善治善用 / 54
消弭“温差”关键在于收入分配改革 / 57
新版“西部鼓励类产业目录”新在哪 / 60
紧扣高标准市场体系“三个关键词” / 63
别样“年经济”折射中国市场活力 / 66
做好绿色低碳循环发展的必答题 / 69
“关键小事”彰显民生情怀 / 72
中国率先批准 RCEP 意味着什么 / 75
区域协调发展的关键“落子” / 78
钢铁去产能为何重返风口浪尖 / 81
创新发展破解外贸“近忧远虑” / 84
基本公共服务均等化绝非平均化 / 87
要让生态产品“有利可图” / 90
为“买买买”营造良好消费氛围 / 93
老字号赶“国潮”重在出新 / 96
消除营商环境评价“灰色地带” / 99
顺势而为迎接“银发经济” / 101

夯实数字经济发展“底座” / 104
破解“猪周期”的重要之举 / 107
推动经济在恢复中达到更高水平均衡 / 110
价格指数这个“信号灯”理应校准 / 113
为中小微企业纾困重在精准 / 116
民营控股高铁能否搅动“一池春水” / 119
旅游升温表明消费潜力大 / 122
“去煤电”不宜盲目一刀切 / 125
外贸成绩单有两个“没想到” / 128
加强宏观政策“跨周期调节” / 130
碳市场“冷清”应是虚惊一场 / 132
能耗“双控”须臾不可放松 / 135
以跨周期调节应对“一次性因素”消退 / 138
靠什么吸引外资持续流入 / 140
煤价“高烧”当休矣 / 143
知难而上推进东北全面振兴 / 146
以中长期合同全覆盖化解煤电博弈 / 149
挖掘旅游业发展结构性潜力 / 152
电价市场化改革有待供需齐发力 / 154
依法干预煤价彰显保供决心 / 157
推广“支持民企 72 条”很及时 / 160

利用外资并未遭遇天花板 / 163
取消“普惠制”对我国出口影响有限 / 166
期待清洁生产挑起“双碳”大梁 / 169
为生态保护修复开正门扎篱笆 / 172
稳住工业回升向好态势 / 175
宏观政策为何坚持“以我为主” / 178
用好工业稳中有进窗口期 / 181
准确把握基建投资适度超前 / 184
迈上制度型开放新高地 / 187
政府治理能力现代化迈出新一步 / 190
煤价齐涨应是“昙花一现” / 192
网络平台拆掉“围墙”活力增 / 195
靠什么打破外贸发展“天花板” / 197
电力市场建设需完善顶层设计 / 200
“东数西算”事关经济社会发展大局 / 203
“普惠养老”能破解养老焦虑吗 / 206
我们离“高收入国家”还有多远 / 209
制造业核心竞争力从何而来 / 212
谨慎乐观看待宏观数据超预期 / 215
用好新型城镇化这个战略引擎 / 218
全力为市场主体纾困解难 / 221

专项债优化提速须用好“三力”　/ 223
外贸稳增长有坚实基础　/ 226
警惕对建设统一大市场的认识误区　/ 228
地方经济迎难而上潜力大　/ 231
推动“白名单”制度常态化运行　/ 234
纾困帮扶要紧盯痛点盲点　/ 237
莫让人才繁荣昙花一现　/ 240
用好“工具箱”确保煤炭保供稳价　/ 243
抓住内外贸一体化发展红利　/ 246
盘活存量有利扩大有效投资　/ 249
外贸仍要保稳提质　/ 251
靠什么激活民间投资活力　/ 254
发展夜间经济须处理好三个关系　/ 257
投资对稳增长支撑作用凸显　/ 260
碳市场“小步快跑”再出发　/ 263
充分发挥消费券杠杆效应　/ 266
首个区域电力市场开启意味什么　/ 269
扩大内需须消费投资齐发力　/ 272
抓住时与势推进重大项目　/ 275
就业数据“一减一增”如何看　/ 278
申请加入 DEPA，意在合作共赢　/ 281

加快释放稳增长政策组合效应 / 284

月饼“限价”并非多此一举 / 287

后 记 / 290

以更高水平开放构建新发展格局

这几天，各地中小学陆续开学，菁菁校园重现琅琅读书声，这一幕令人感慨不已。半年多来，新冠肺炎疫情给孩子们上了一堂深刻的成长课，也让他们格外珍惜这来之不易的校园时光。

其实，不仅是孩子们，对于我们每个成年人来说，疫情同样是一场考验。随着我国疫情防控步入常态化，经济社会运行逐步趋向平常，进一步加快复工复产复市步伐，把疫情造成的损失尽快夺回来，已成为促进经济平稳增长、推动高质量发展的必然选择。

本周将揭幕的以“全球服务，互惠共享”为主题的 2020 中国国际服务贸易交易会，引发海内外广泛关注。作为疫情发生以来我国举办的第一场重大国际经贸活动，本届服贸会与此前的“云上广交会”不同，采取“综合 + 专业、线下 + 线上、室内 + 室外”等多种方式举办。应该说，在境外疫情还在蔓延的情况下，这一安排既体现了统筹疫情防控和经济社会发展的要求，也传递出我国坚定不移扩大服务业开放的决心。

越是形势复杂，越是遇到困难，越要坚定信心把改革开放不断推向深入。从这个意义上看，服贸会的成功举办，将进一步推动开放型经济新体制的建立，激发服务贸易在经济高质量发展中的积极作用，助力构建和完善全面开放发展的新格局。

值得关注的是，继服贸会之后，第128届广交会将于10月份举行，第三届进博会也将在11月份迎来全球宾客。三大展会相继登台，将共同奏响中国对外开放的高昂旋律。在这里，无论是线下还是“云端”，抑或是线上线下的有机结合、良性互动，疫情阻隔的只是人与人之间的物理距离，中国与世界的联系始终有增无减。

稳住中国外资外贸的基本盘，就是为稳住全球贸易投资基本盘作贡献。这方面，中国的努力有目共睹。就在前几天，中欧班列（成都）累计开行量在全国率先突破6000列，展现出强劲的内生动力；在江苏，首列“区港联动”中欧班列（徐州）已于近日启程，标志着效率更高、成本更低的“保税+班列”出口模式正式落地……据统计，今年前7个月，中欧班列累计开行量和发送货物量同比分别增长41%、46%，单月开行量连续5个月刷新历史纪录。可以说，中欧班列为保障“一带一路”相关合作伙伴物流畅通、维护全球产业链供应链稳定，发挥了至关重要的“压舱石”作用。

当前，我国已进入高质量发展阶段。基于对我国超大规模市场优势和内需潜力的准确判断，党中央审时度势地提出“加快形成以国内大循环为主体、国内国际双循环相互促进”的新发展格局。本周召开的中央全面深化改革委员会第十五次会议强调指出，要推动更深层次改革，实行更高水平开放，为构建新发展格局提供强大动力。

以更高水平开放构建新发展格局，要继续用足用好改革这个关键一招。本周，又有多项改革举措落地实施。从9月1日起，海关总署新增上海、青岛、成都、西安等12个直属海关开展跨境电商B2B出口监管试点，此举对于推动我国跨境电商优进优出、培育外贸竞争新优势，将形成长期利好；同日，商务部发布了新版《外商投资企业投诉工作办法》，通过对标国际一流标准，修订并明确了外资企业投诉主体、受理流程、职责范围等细则，为我国加快迈向市场化、法治化、国际化营商环境提供了有力支撑。未来，还有更多的改革举措在路上。

以更高水平开放构建新发展格局，要继续增强改革的集成性、协调性。今年以来，我国出台了下调关税等一系列扩大进口的政策举措，在盘活存量、做大增量过程中，持续释放政策的叠加效应。目前，包括日用消费品、重要药品、先进技术设备等在内的数百项商品进口暂定税率低于最惠国税率，在推动国内消费提质扩容的同时，也有效拓展了全球贸易发展新空间。未来，在构建新发展格局实践中，还要将其与国家区域协调发展战略、自由贸易试验区建设等有机衔接，打造承载新发展格局的开放新高地。

需要指出的是，当前经济全球化遭遇逆流，单边主义、保护主义有所抬头。对此，我们要站在历史正确的一边，既不能被眼前的风浪逆流所阻，也不能关起门来闷头干活，要紧紧围绕构建新发展格局的要求，坚持全面深化改革、全面扩大开放、全面推进创新，为高质量发展添动力增活力。

（刊发于 2020 年 9 月 4 日时评版）

从抗疫精神中汲取经济发展力量

“以国之名义，向英雄致敬！”在抗击新冠肺炎疫情斗争取得重大战略成果之际，党中央举行最高规格表彰大会，授予抗疫英雄们国家勋章和国家荣誉称号，可谓实至名归、令人动容。9个多月来，在党中央坚强领导下，14亿中国人民坚韧团结、和衷共济，凝聚起了抗击疫情的磅礴力量，诠释了伟大的抗疫精神，彰显了中国精神、中国力量、中国担当。

致敬每一位向险而行的白衣勇士，致敬每一个挺身而出的平凡英雄，正是因为他们无私的付出，中国经济才得以率先恢复增长。如今，我们欣慰地看到，各地复工复产复市步伐不断加快，沉寂已久的校园恢复了往日生机，人们心心念念的人间烟火气又回来了。

所有的努力都不会被辜负，中国在统筹疫情防控和经济社会发展方面的行动及成效，不仅成为全球经济发展的一抹亮色，也为世界经济增长注入了强劲动力。当前，全球疫情尚未完全平息，毫不松懈地抓好常态化疫情防控仍是重中之重。我们坚信，中国人民有能力有信心夺取这场抗疫斗争的全面胜利！

这样的判断是有依据的。本周，宏观经济数据进入了密集发布期，从已公布的数据看，外贸、消费以及CPI、PPI等宏观指标增长已逐步走平或转正，我国经济稳定恢复、持续向好的态势更加明显。

以外贸数据为例，今年前 8 个月，我国货物贸易进出口总值已突破 20 万亿元，出口也首次实现年内正增长。在外部市场疲弱乏力、贸易保护主义有所抬头的情况下，中国用实际行动稳住了外贸基本盘，对于促进国际贸易加快复苏、维护全球产业链供应链平稳运行，发挥了重要作用。

服务贸易的表现同样可圈可点。日前，2020 年中国国际服务贸易交易会以 190 场论坛及洽谈活动、百余项创新类成果首发完美收官，实现了“中国制造”与“中国服务”同频共振、协调发展。事实上，服务贸易已成为国际经贸合作发展新引擎之一。近 8 年来，我国服务贸易实现了年均 7.8% 的增长，高出全球增速约 3.7 个百分点。服贸会的成功举办，不仅为各国产品、技术和服务融入全球价值链畅通了渠道、构筑了平台，也有力释放了我国坚持推进经济全球化、深化国际经贸合作的积极信号。

在本次服贸会上，支持北京打造国家服务业扩大开放综合示范区等开放新举措备受关注。未来，立足首都城市战略定位，北京将聚焦重点优势产业和重点示范园区，以服务业高水平开放夯实服务贸易发展基础，以数字贸易和科技创新为主要方向，以营商环境改革为重点，逐步形成与国际先进规则相衔接的制度创新和要素供给体系，探索服务业开放发展新业态、新模式、新路径。

在祖国的南端，海南自由贸易港建设迎来了首个“百日”。《海南自由贸易港建设总体方案》公布实施以来，海南在多个领域加快创新步伐，奋力攀登中国对外开放新高度。截至 8 月底，海南自由贸易港先后挂牌了 11 个重点园区、签约了首批 35 个重点项目，新增离岛免税购物金额达 55.8 亿元，同比增长 211.9%。可以预见的是，随着更多创新举措落地实施，海南自由贸易港将为全球投资者带来新的投资机遇，为世界经济发展创造新的增量。

与疫情赛跑，我们赢得的是宝贵生命；与发展同行，我们收获的将是整个未来。大考还在继续，但越是艰难险阻，我们越要逆势而上，用实际行动践行伟大的抗疫精神，确保完成决胜全面建成小康社会、决战脱贫攻坚的目标任务，为构建以国内大循环为主体、国内国际双循环相互促进的新发展格局提供有力支撑。

（刊发于 2020 年 9 月 11 日时评版）

我国利用外资仍处战略机遇期

尽管有海外舆论习惯性唱衰中国经济，但本周发布的一些宏观经济数据还是让那些破绽百出的谣言不攻自破。

规模以上工业增加值、货物出口同比增速实现年内首次转正，固定资产投资累计增速接近转正，社会消费品零售总额重返增长通道……中国经济强劲复苏和超预期表现，不仅成为全球经济的一抹亮色，也为世界经济走出低迷注入了动力。

在众多数据中，利用外资和对外直接投资这两组数据引人瞩目。9 月 16 日，商务部等部门联合发布了《2019 年度中国对外直接投资统计公报》。数据显示，得益于中国经济持续转型发展，中国对外直接投资近年来实现了快速增长。2019 年，中国对外直接投资流量蝉联全球第二，存量保持全球第三。

对此，肯定有人要问：既然中国经济“不差钱”，为何政府还要花如此大力气去扩大引进外资呢？众所周知，资本须通过流动来获得更高的回报率。中国经济持续多年高增长，让国内有了充裕的资本积累，自然需要流向海外市场来获取更大收益。从某种意义上看，中国从改革开放初期单纯引进外资，到如今引进外资与对外投资并重同行，正是中国经济迈向更高阶段的一个重要标志。

客观上说，近年来中国经济的内生动力不断增强，包括外资在内的外部要素对我国经济的促进作用有所减弱，但这并不意味着外部要素就不重要了。相反，通过扩大引进外资，构建更高层次开放型经济，对于我国加快形成以国内大循环为主体、国内国际双循环相互促进的新发展格局具有不可或缺的作用。

受新冠肺炎疫情影响，今年以来全球跨境直接投资大幅下降，中国也不能独善其身。但随着统筹推进疫情防控和经济社会发展工作取得重大成果，我国利用外资的形势逐步回稳。最新数据显示，今年前 8 个月，我国实际利用外资 890 亿美元，虽同比下降 0.3%，但降幅已呈逐月收窄态势，利用外资形势总体要好于预期。

上述利用外资数据的变化，表明中国仍是全球投资热土之一。尽管频频遭遇贸易保护主义干扰，又叠加疫情冲击，但中国多年发展所形成的完备制造业体系、优良营商环境以及具有较强竞争力的要素优势，短期内都是无法被替代的。来自上海美国商会的一份最新报告称，大部分美国企业仍持续看好中国市场，78.6% 的受访企业表示不会转移在华投资，这一数字较去年同期增加了 5.1%；中国欧盟商会的报告也显示，欧盟企业在华投资情况总体稳定，只有约一成受访企业考虑外迁或改变投资计划，这一比例接近 10 年来最低水平。

需要指出的是，当前我国利用外资已进入了一个新阶段，在实施创新驱动战略形势下，通过吸引外资实现全球资源特别是创新资源的高效配置，将成为中国进一步扩大开放、吸引外资的新使命。从这个视角看，我国利用外资仍处于大有可为的战略机遇期。一方面，积极鼓励我国企业“走出去”拓展市场，加大对外投资力度；另一方面，进一步深化“放管服”改革，为外资来华发展打造更优的营商环境。可以肯定的是，以“双轮驱动”打造更高水平的开放型经济，仍将是中国经济长期不变的政策基调。

营商环境竞争力就是国际竞争力。疫情大考暴露出我国营商环境仍存在的一些突出问题，未来进一步优化营商环境仍具有很大的提升空间。营商环境怎么提升？李克强总理在全国深化“放管服”改革优化营商环境电视电话会议上给出了答案：“放”要放出活力、放出创造力，“管”要管出公平、管出质量，“服”要服出便利、服出实惠。要打造更优开放环境，使中国开放的决心让外商放心、开放的政策让外商受惠。

（刊发于 2020 年 9 月 18 日时评版）

自贸试验区建设既要谋“子”更要谋“势”

在“十三五”进入尾声、“十四五”即将开启的关键时期，我国自贸试验区大家庭又迎来了北京、湖南、安徽3位新成员，成为本周引人关注的大事之一。

自2013年首个自贸试验区在上海创建以来，我国自贸试验区从无到有、多点开花，已渐成燎原之势。7年来，自贸试验区历经5次扩容，数量增至21个，不仅实现了对京津冀全覆盖，还叠加了中部崛起、长三角区域一体化等国家战略，进一步凸显了其在加快形成新发展格局中的关键作用。截至目前，各地自贸试验区已形成了260项可复制可推广的制度创新成果，为我国更高水平开放发展提供了有力支撑。

近年来，在自贸试验区示范效应带动下，一些地方发展外向型经济心情迫切，对于申报自贸试验区的积极性十分高涨。在此情形下，自贸试验区数量“水涨船高”，自然引发了一些舆论热议。比如，有市场人士担忧，自贸试验区建设面积动辄百余平方公里，涉及土地、财税等诸多重要领域改革，会不会演变成一场新的政策“圈地”？也有人认为，自贸试验区一下子这么多，盲目“跟风”是否会拉低创新成果的“含金量”？

要回答上述问题，首先要对自贸试验区的概念有全面的了解。

自贸试验区作为一种“舶来品”，很多人习惯于借助国际经验、国际视角来考量它。事实上，自贸试验区并不存在公认的国际经验和定义，虽然很多国家都建有自贸试验区，但它们在性质、功能、范围等方面却千差万别，充其量算是个别国家的经验，不能成为通用的国际经验，这也正是自贸试验区独特的魅力所在。

在我国，自贸试验区通常被认为是全面深化改革的“试验田”，是制度创新的高地，并非优惠政策的洼地。换句话说，自贸试验区并无所谓的“高含金量”政策优惠，而是强调通过更大力度的“放管服”改革和更多领域的制度创新，发挥出市场对资源配置的决定性作用，更好发挥政府作用，为构建更高层次对外开放格局引航探路。

从数量上看，我们不怕自贸试验区“苗圃”多，只盼能育出更多改革创新的“种子”。我国幅员辽阔、人口众多，各地经济社会发展水平不一，率先在要素集聚度高、资源禀赋好、发展基础扎实的地区设立自贸试验区，既是遵循经济发展规律的必然要求，也是发挥自贸试验区引领带动作用的应有之义。从某种意义上看，自贸试验区越来越多，恰恰表明我国在持之以恒地推进改革开放，也只有让各地形成的宝贵经验和做法“遍地开花”，才能让改革红利更好地释放、改革成果更好地分享。

从 21 个自贸试验区自身发展来看，它们处在不同发展阶段、面临不同发展问题，承担的职责使命也有所不同。比如，北京自贸试验区着力构建京津冀协同发展高水平对外开放平台，湖南自贸试验区打造世界级先进制造业集群，安徽自贸试验区加快推进科技创新策源地建设、先进制造业和战略性新兴产业集聚发展等。这些差别化的探索均指向一个共同的目标，那就是构建起与国际规则有机衔接，更加开放、公平、高效的市场经济体系。

当然，既然是“试验田”“苗圃”，自贸试验区建设也会不可避免地遇到各种不确定性，甚至复杂严峻的风险挑战。对此，我们要做好充足的准备，要树立起自贸试验区发展“一盘大棋局”意识，既要在单个区域建设上谋好“子”，更要在全局发展上谋好“势”。

需要指出的是，当前我国已进入高质量发展新阶段，越是在关键时期，越要更多地发挥“大胆闯、大胆试、自主改”精神，要把推动自贸试验区高水平开放与构建国内国际双循环新发展格局紧密结合起来，不断释放自贸试验区的发展活力，进一步增强我国经济高质量发展的内生动力。

（刊发于 2020 年 9 月 25 日时评版）

让假日经济之花常开不败

伴随着各地一波又一波的消费热潮，新冠肺炎疫情发生以来首个连续 8 天的超长黄金周完美收官。有网友调侃说，无论你是在游人如织、摩肩接踵中“挤瘦”了，还是在家中与三五好友小聚“胖了三斤”，毋庸置疑的是，你一定为久违的假日经济作了贡献。

没错，“假日经济”虽不是一个严格意义上的经济学名词，但它已经广泛存在于人们的社会生活当中。在加快构建新发展格局的背景下，作为释放内需潜力的重要路径之一，假日经济自然被寄予了更多期待。

从字面上看，假日经济就是人们利用节假日集中消费，由此带动市场供给增加、促进市场繁荣和经济发展的一种综合性经济模式。如果以 1999 年国家将春节、“五一”、“十一”三个重要节日的休假时间延长为 7 天为标志，假日经济已伴随“黄金周”一起走过了 20 多个年头。

如今，假日经济已成为广大老百姓日常生活中不可或缺的一部分。即便是今年上半年受疫情冲击出现了短暂停滞，但在疫情防控取得重大战略成果之际，假日经济便一马当先率先复苏，充分体现了我国经济的强大韧性和活力。

需要指出的是，假日经济不只是简单的“节日经济”，也不是单纯的“旅游经济”，它的发展离不开庞大的产业体系支撑。除了大家熟悉的旅游业外，诸如餐饮、娱乐、影视、交通、展览、竞技等行业，无不与假日经济有着这样那样的联系，它们共同构建起充满生机、丰富多元的假日经济生态。

从这个意义上看，假日经济在一定程度上反映了一个国家或地区的经济活跃程度，假日经济越繁荣，经济发展越有活力。事实上，我国假日经济之所以能快速恢复，其背后依托的正是超大规模国内市场优势及巨大的需求潜力。未来，推动假日经济发展仍须立足于这一基本国情，找准发展方向，精准施策发力。

其一，要进一步优化节假日安排的制度设计，不断提升假日产品的供给能力和水平。

众所周知，“黄金周”设立的初衷是为了拉动消费，但居民大规模集中出行，带来了交通拥堵、设施超负荷运行等一系列安全隐患，一些景区人满为患、酒店住宿一房难求等现象也广受诟病。从 2008 年起，国家取消了“五一”黄金周，增加了清明、端午和中秋 3 天假期，但这未能从根本上解决上述问题。

对此，我们认为，一方面要落实好带薪休假制度，通过错时休假的方式，既能释放出假日经济的活力，也可挖掘出假日经济的潜力，让寻常的每一天都能成为假日经济的载体；另一方面，要增加有效供给，强化创新供给，以更丰富的假日产品来满足不同人群的消费需求。近日冲上微博热搜的江苏省一些高速公路服务区就很具代表性，这些形似城堡乐园又如同商业中心的服务区，不仅刷新了过往旅客的体验，还让其愉快地进行了消费。类似这样商业模式上的创新，契合了假日经济转型升级的发展趋势，可谓多赢之举。

其二，要进一步做大假日经济“蛋糕”，推动假日消费与国内国际双循环的有机衔接。

随着我国疫情防控步入常态化新阶段，做大假日经济“蛋糕”，充分释放居民消费活力，既是扩大内需战略的重要体现，也是发挥消费对经济增长基础性作用的必然要求。不仅如此，还要充分利用假日经济涉及面广、带动力强的特点，进一步盘活旅游、餐饮、影视等相关消费领域，助力我国经济高质量发展。

当前，我国正在加快形成以国内大循环为主体、国内国际双循环相互促进的新发展格局。以国内大循环为主体，就要坚持扩大内需的战略基点，充分发挥国内超大规模市场优势，不断释放经济增长的内需潜力，而消费增长也会通过国际贸易渠道传递到世界各地，有助于全球经济复苏。事实上，这些都为假日经济的发展提供了更具想象力的空间。我们相信，在巩固疫情防控成效的基础上，假日经济之花未来一定能够常开不败、四季芬芳。

（刊发于2020年10月9日时评版）

从三个新高看中国经济韧性和活力

作为全球货物贸易第一大国，中国外贸每一次起伏波动，都牵动着全球市场的神经。本周发布的外贸数据，让复苏乏力的世界经济为之一振——不仅累计进出口总值实现了年内首次正增长，进出口总值、出口总值、进口总值这三项关键指标更是创下了季度历史新高。

不妨回顾一下相关数据。三季度，我国进出口总值 8.88 万亿元，同比增长 7.5%，其中出口 5 万亿元，增长 10.2%；进口 3.88 万亿元，增长 4.3%。从纵向看，前三个季度的进出口规模分别为 6.57 万亿元、7.67 万亿元、8.88 万亿元，季度环比均实现了大幅增长。

这样的增速在全球范围内也是绝无仅有的。作为观察中国经济的一个窗口，近年来外贸对于经济增长的贡献率虽有所降低，但其逆势上扬的超预期表现，充分展现了中国经济的强大韧性与活力，也为后疫情时代经济全面复苏打下了基础。

对于中国外贸这份来之不易的成绩单，有人认为主要是由防疫物资大规模出口拉动的，未来能否持续还要打上问号；也有人认为随着中国启动以国内大循环为主体、国内国际双循环相互促进的新发展格局建设，外贸增长或将具有较大的不确定性。

这样的判断有失偏颇。事实上，中国外贸的全面反弹绝非偶然，一个基本共识就是得益于中国率先实现了对新冠肺炎疫情的有效防控、率先实现了复工复产复市，是中央稳外贸精准施策与外贸企业迎难而上、合力前行的结果。当然，中国外贸积极抓住全球疫情防控带来的机会，全方位拓展国际市场，这也正是中国外贸不断走向成熟的表现之一。

外贸回稳向好也为中国经济增长提供了强劲支撑，特别是外贸作为全球产业链供应链的稳定之锚和连接国内国际双循环的重要纽带，在促进经济全面复苏方面将发挥更为积极的作用。统计显示，今年前8个月，中国有进出口实绩的企业达47.8万家，同比增长了6.2%；外贸吸纳并带动就业人数达1.8亿人，在进口环节税收还贡献了全国税收总收入的10.4%。

纵观全局，全球经济面临的不稳定不确定性因素在增多，但中国是最确定的因素之一，一个开放的中国本身也是最具吸引力的。这几天，第128届广交会如期在“云端”举行，6万个展位、2.6万家境内外企业参展，让“中国第一展会”魅力不减；中欧班列开行数量年内屡创新高，不仅成为各国携手抗疫的“绿色通道”，也为后疫情时代拉动全球经济复苏注入了新动能；即将到来的第三届进博会更是“大牌”云集、一位难求，将成为一场特殊的、意义深远的东方之约。可以预见的是，中国外贸未来仍将稳健前行。

总体看，中国外贸长期向好的趋势未变，但稳外贸依然是当前工作的重中之重。一方面，全球疫情仍在蔓延，国际市场需求萎缩叠加保护主义、单边主义逆流，给中国外贸带来了更多的不确定性不稳定性；另一方面，新发展格局下外贸转型之路依然漫长，可能还会遭遇更多新问题、新矛盾。对此，我们要有清醒的认识，做好应对更大风险挑战的准备。

需要指出的是，进入四季度，保外贸主体、保市场份额、保产业链供应链稳定，仍是外贸亟须发力的关键环节。要继续在房租、税费、社保等方面实施减免帮扶，狠抓稳外贸各项政策落实，切实帮助企业纾困解难。同时，要着力推进贸易创新发展，加快培育跨境电商、市场采购贸易等新业态新模式，推动内外贸走高质量融合发展之路。

（刊发于 2020 年 10 月 16 日时评版）

下功夫激活消费这个最大变量

经济增速年内首次转正、固定资产投资增速首次转正、货物进出口总额增速首次转正……在最新公布的前三季度主要经济数据中，“转正”可谓出现频率最高的关键词之一，不仅折射出中国经济稳步复苏的强劲态势，也进一步强化了中国经济稳中向好、长期向好的趋势。

这份来之不易的成绩单不仅让疲弱的世界经济为之一振，也赢得了国际舆论的广泛赞誉。不过，在出口、投资等主要经济指标创下年内新高的同时，我们也注意到，作为经济压舱石和稳定器的消费却相对滞后，甚至拖了经济增长的后腿。

数据显示，在二季度 3.2% 的 GDP 同比增速中，投资贡献了约 5 个百分点，净出口贡献了 0.5 个百分点，但消费拖累了 2.4 个百分点。即便是在前三季度经济整体实现正增长的情况下，消费同比增速仍为 –7.2%。由此引发了不少市场人士的担忧：消费拉动中国经济增长的模式还行得通吗？未来中国超大规模市场优势还能发挥出来吗？

回答上述疑问，首先要客观看待消费滞后的原因。通常情况下，消费可分为实物消费和服务消费两大类。从消费数据看，在新冠肺炎疫情冲击下，我国实物消费变化与经济波动保持大致同步，但对疫情防控举措更为敏感的服务消费出现了大幅下降，成为导致消费总体滞后的最主要因素。换句话说，消费复苏的快慢，很大程度受制于服务消费的复苏进程。

需要指出的是，服务消费复苏滞后于实物消费也是一个全球现象，一旦全球疫情得到有效控制，服务消费即会得到充分释放。与此同时，在消费复苏过程中，也催生出许多更加适应市场需求的消费新业态新模式，不仅有效对冲了疫情影响，也对恢复内需起到了积极拉动作用。

目前，我国已进入疫情防控常态化新阶段，在出口、投资快速复苏的情况下，消费是我国经济增长的最大变量，同时也是最具潜力的增量。从这个意义上看，稳内需、促消费仍是当前工作的重中之重。

释放消费潜力，关键在于深化收入分配制度改革。收入分配格局决定了整个社会的消费水平，要通过优化调整当前我国收入分配结构，让收入分配更多地向居民倾斜，不断提升居民特别是中低收入者的购买力。疫情期间，各地探索采取发放消费券、增加临时价格补贴等方式稳消费，短期内有一定效果，但从长远看，仍需加快构建提升居民购买力的长效机制。

释放消费潜力，要强调从供给端持续发力。有效供给不足是影响我国消费增长的重要因素之一，要通过提高有效供给能力和水平，不断满足居民消费的升级需求。比如，我国在教育、养老、医疗等领域的供给还存在一些结构性问题，一方面需要通过深化改革，不断破除发展的制度障碍，另一方面也要通过扩大有效投资，加快补齐消费软硬短板，在稳定重点领域消费的同时，不断挖掘消费新增长点，推动形成强大的国内市场。

释放消费潜力，还要大力推动新型消费发展。近日，国办印发了《关于以新业态新模式引领新型消费加快发展的意见》，明确了包括在线教育、互联网健康医疗、新零售等在内的新型消费发展方向和政策举措。事实上，在疫情期间，上述新业态新模式已经得到了市场的广泛认可，成为新的消费增长点。

当然，发展新型消费，并不意味着放弃传统消费，而是要在继续做大做强传统消费业态的同时，加强统筹协调和政策联动，推动线上线下加速融合、新型消费与传统消费协同共进，拉动经济更快复苏、更好增长。

需要强调的是，当前及今后一段时期，主要依靠消费拉动经济增长的模式不仅不能变，还要在加快构建新发展格局中更有作为。令人欣慰的是，针对当前消费领域的堵点、痛点和难点问题，包括鼓励老旧汽车置换、推动家电更新消费、发展住房租赁消费等新一轮政策举措正陆续出台实施，针对农村消费这一薄弱环节的数字化、标准化、产业化改造也已启动。我们相信，一个梯次发展、衔接互动、优势互补的多层级消费格局，将助力中国经济在高质量发展道路上行稳致远。

（刊发于 2020 年 10 月 23 日时评版）

用好生态系统生产总值核算这个标尺

多年来，国内生产总值（GDP）作为重要经济指标，一直被广泛运用在对宏观经济运行的评价中。在新发展理念下，随着我国经济步入高质量发展阶段，单纯使用GDP来评估经济发展状况已不能满足实际需要。也正因此，全国首个省级GEP标准日前在浙江一经发布，即引发了社会各界的广泛关注。

GEP是生态系统生产总值的简称，它与GDP之间既相互联系又有所差异。概括地说，GDP核算的是人类经济活动增加值，GEP核算的是自然生态系统提供的所有生态产品价值。作为“绿水青山就是金山银山”理念的发源地和实践地，浙江率先推出省级GEP核算技术规范，不仅为全国“绿水青山”高效转化为“金山银山”提供了一个可借鉴的技术方案，而且对于各地践行绿色发展理念、推进生态文明建设，具有重要示范效应。

人们对GEP关注度高，不仅因为它关系到我们的钱袋子，还与我们赖以生存的生态环境息息相关，影响着我们的获得感、幸福感、安全感。事实上，推动开展GEP核算的呼声已久，一些地方也开始了试点工作。目前，除浙江外，贵州、青海、内蒙古等省份（自治区），江西抚州市、贵州黔东南州、四川甘孜州、吉林通化市、深圳盐田区、云南普洱市等地市，分别从不同维度对GEP核算方法、转化路径等开展了有益探索，形成了一些可复制可推广的经验。

就在上周，全国首个生态产品价值核算统计制度在深圳获批实施，这意味着深圳开展常态化 GEP 核算有了制度保障。不仅如此，该核算体系作为城市实践案例，已纳入相关国家标准的研制中，并与联合国统计署相关核算标准实现了接轨。

此前，内蒙古自治区公布了“2015 年—2019 年生态产品总值（GEP）核算结果”。数据显示，内蒙古自治区近 5 年 GEP 总值已从 3.94 万亿元增长到 4.48 万亿元，增长了 13.75%，生态环境保护成效显著。

GEP 核算让生态家底变得一目了然，对于各地因地制宜地推进生态经济化、经济生态化，具有积极的指挥棒作用。近年来，我国把生态文明建设摆在更加突出位置，从“绿水青山就是金山银山”重要论断的提出，到党的十八届三中全会明确建立生态文明制度，再到去年首个国家层面《生态文明建设目标评价考核体系》发布，GEP 核算作为生态考核量化的抓手，正与 GDP 一起成为衡量我国经济高质量发展的新标尺。

一方面，要让 GEP 核算进规划、入考核，以 GEP 核算为依据，指导各地编制好“十四五”区域绿色发展战略规划，强化 GEP 指标在领导干部离任审计、绿色发展绩效考核等方面的应用，引导各地在新发展理念下转变发展思路、改变发展方式，在推动 GDP、GEP 双增长的同时，不断促进 GEP 向 GDP 高效转化。

另一方面，要让 GEP 核算进决策、入项目，把 GEP 核算引入到生态优先、绿色发展的政策体系中，推动 GEP 核算成果应用到相关政策奖补、资源要素配置中，进一步提高决策的效能。同时，探索构建以 GEP 核算为基础的生态产品交易机制，推动形成生态产品价值实现机制等，真正实现“存入绿水青山，取出金山银山”。

评价标准的创新，提升了生态文明建设的精细化程度，也为呵护绿水青山、建设美丽中国打开了新思路。这折射出我国在治理体系和治理能力现代化方面的进步，也为探索全球生态治理作出了积极贡献。

需要指出的是，当前我国生态文明建设正处于压力叠加、负重前行的关键期，同时也到了有条件、有能力统筹解决发展与保护这一突出问题的重要窗口期。我们相信，随着 GEP 核算体系不断走向成熟，只要持之以恒地推进绿色发展，就一定能助力美丽中国建设从蓝图变为现实。

（刊发于 2020 年 10 月 30 日时评版）

扩内需促消费提升发展动力

本周，一份由国家发展改革委、财政部等 13 个部门联合印发的《近期扩内需促消费的工作方案》以下简称《工作方案》，引发了市场广泛关注。

这份《工作方案》之所以备受关注，与当前消费市场的表现不无关系。受新冠肺炎疫情影响，今年以来我国宏观经济运行呈现需求恢复慢于供给、消费恢复慢于投资的态势，消费增长滞后一定程度上拖累了企业营收及利润恢复增长，给加快复工复产和畅通经济循环带来了较大影响。

在这样的情况下，有针对性地推出阶段性扩内需促消费举措，通过“有形之手”有效弥补“无形之手”的不足，着力为需求潜力“松绑”、为经济循环“加油”，对于推动经济供需循环畅通、促进形成强大国内市场，既及时精准，又十分必要。

近年来，围绕发挥好消费的基础性作用和投资的关键作用，党中央、国务院出台了一系列政策举措，不断挖掘和释放内需潜力，消费对经济增长的贡献率持续走高。数据显示，消费已连续 6 年成为我国经济增长的第一引擎。

随着我国经济进入高质量发展阶段，在加快构建新发展格局、统筹推进疫情防控和经济社会发展的要求下，我国的消费需求与环境都发生了重要变化，一些传统扩内需促消费方式已不再有效，甚至在一定程度上对消费新模式新业态的培育形成了阻碍。

我们注意到，基于上述考虑，《工作方案》更加强调以创新驱动、高质量供给引领和创造新需求，更加强调坚持以供给侧结构性改革为主线，围绕人民对更加美好生活的需要，从打造“三个动力”入手，提出了一系列夯实消费扩容提质的具体举措。

一是要进一步提升供给动力。有效提升供给质量和供给灵活性，不断满足广大群众个性化、多元化、品质化消费需求，是扩内需促消费的内在要求。实现这一要求的核心，在于能否持之以恒地深化供给侧结构性改革。近年来的实践也证明，那些供给侧结构性改革比较彻底的行业和领域，大多能较为从容地应对外部市场的变化，复工复产的恢复程度也较好。增加有效供给、提升供给质量，仍是当前工作的重点所在。

二是要进一步增强创新动力。新冠肺炎疫情发生后，在线医疗、智能体育、线上教育等新消费蓬勃发展、逆势上涨，有力对冲了疫情对于传统消费的影响。下一步，要最大限度通过数字赋能，推动线下消费加速“触网”，努力培育消费新业态新模式。同时，要因时顺势、抓住契机，通过创新发展，不断丰富线上服务产品供给，补上在线服务消费短板，进一步释放服务消费潜力。

三是要进一步加大改革动力。当前，我国消费领域还存在着不少过时的、抑制消费增长的规章制度，亟须通过加快改革释放潜能。对此，《工作方案》明确提出要为消费领域的不合理限制松绑，加快落实诸如支持城镇老旧小区居民提取住房公积金用于加装电梯、允许有条件的地方利用地下空间建设公共停车场等改革举措，实现以较低的成本盘活存量资源、做大消费增量，让供需两端在更高水平上形成良性循环。

总体看,《工作方案》中相关措施可操作性强，在较短时间内可产生良好的效果。但从长远看，要继续发挥好消费的“稳定器”和“压舱石”作用，还需要从更多维度做好顶层设计，储备更多战略性、前瞻性政策工具。对此，党的十九届五中全会提出了明确要求，即坚持扩大内需这个战略基点，加快培育完整内需体系，把实施扩大内需战略同深化供给侧结构性改革有机结合起来，以创新驱动、高质量供给引领和创造新需求。可以预见，在全面建设社会主义现代化国家的新征程中，消费将发挥出更大、更为关键的作用。

（刊发于 2020 年 11 月 6 日时评版）

从三组数字感知中国经济温度

眼下，各地天气逐步转凉，与之形成反差的是持续升温的国内消费市场。本周，进博会完美收官、“双 11”人气爆棚、海南离岛免税销售节节攀升，彰显出中国构建新发展格局的底气和信心。

7697 亿元，这是今年“双 11”期间天猫和京东的成交额，如果再加上苏宁易购、拼多多等电商平台，全网成交额保守估计可达万亿元规模，这不仅创下了“双 11”设立以来的新高，而且在品牌参与数量、单品交易额等分类指标上也不断刷新了纪录。

726.2 亿美元，这是第三届进博会年度累计意向成交总额，比上届增长 2.1%。在全球新冠肺炎疫情仍在持续蔓延的情况下，进博会“磁场效应”不减，各方合作意向热度不退，用实际行动为中国经济投下了“信任票”。

120.1 亿元，这是海南离岛免税新政实施 4 个月来的销售总额，同比增长 214.1%。作为海南自贸港建设方案公布后首个落地实施的重大政策，离岛免税新政持续释放政策红利，更多消费者从中获益，也为自贸港建设注入了新动能。

从数据本身看，上述三组数字之间并无直接关联，但把它们放在构建以国内大循环为主体、国内国际双循环相互促进的新发展格局下就不难发现，它们是观察中国消费市场的窗口，有助于我们从更多维度感知中国经济的温度，以及中央对于扩内需促消费的战略考量。

坚持扩大内需这个战略基点，加快培育完整内需体系，把实施扩大内需战略同深化供给侧结构性改革有机结合起来，以创新驱动、高质量供给引领和创造新需求，这是党的十九届五中全会提出的新要求。未来，畅通国内大循环，促进国内国际双循环，全面促进消费，拓展投资空间，将是我们的新使命。

从这个意义上看，今年“双 11”的成功举行，对于提振消费信心、发挥促进消费关键性作用具有特殊意义。今年疫情期间，消费者“无接触”购物等新业态新模式涌现，凸显了线上消费的潜力和活力，也培育了人们在线消费的习惯。与此同时，在大数据、人工智能等新技术加持下，以在线消费为代表的新型消费不断拓展延伸，有效拉动了产业链上下游发展。前三季度，在消费增速整体滞后的情况下，新型消费高达 15.3% 的增速就是佐证。

如果说，新型消费在创造新需求、畅通内循环方面起到了“强心剂”作用，那么进博会的成功举办则为促进国内国际双循环提供了强有力支撑。一方面，越来越多的国际企业通过进博会这个多边公共平台分享到中国超大规模市场红利；另一方面，国外优质产品、技术和服务的进口也将更好地满足国内产业转型升级以及广大人民群众对于美好生活的需要，助力中国经济更高质量发展。可以预见的是，随着更多展品变商品、展商变投资商，进博会的溢出效应还将进一步放大。

全面促进消费，免税零售市场是不可或缺的环节之一。作为海南自贸港建设的重要内容之一，构建更具竞争力的离岛免税政策体系和市场环境，将有助于推动高端消费境外回流，促进国内国际消费市场深度融合。未来，包括海南离岛免税购物在内的免税市场发展将为满足国内消费需求升级、推动消费持续增长提供动能。

值得关注的是，进入三季度以来，我国经济增长的边际正逐步发生改变，此前超预期的出口及投资拉动正切换为消费拉动，上述三组数字也从一个侧面验证了这个变化。从近期 PMI 等先行指标看，当前我国宏观经济保持着稳定恢复增长态势，四季度消费继续回升应无太大悬念。

需要指出的是，当前及今后一段时期，影响消费增长的不确定性因素仍然较多，特别是境外疫情还在蔓延，推动消费扩容提质还存在不少堵点、痛点和难点。对此，我们仍须未雨绸缪，提前做好政策工具储备，不断深化供给侧结构性改革，合力为中国经济高质量发展添柴加火。

（刊发于 2020 年 11 月 13 日时评版）

RCEP 签署让“中国封闭论”不攻自破

在新冠肺炎疫情仍在全球蔓延、世界经济严重衰退、单边主义和保护主义加剧形势下，《区域全面经济伙伴关系协定》（RCEP）历经 8 年谈判后顺利签署，给踟蹰不前的世界经济带来了光明和希望，也让一些外媒口中的“中国封闭论”不攻自破。

今年是“十三五”收官之年，我国社会主义现代化建设也将迎来“十四五”新征程。站在历史交汇点上，中央综合研判国内外发展形势，对我国未来五年及更长时期经济社会发展的战略与路径作出规划，明确提出构建以国内大循环为主体、国内国际双循环相互促进的新发展格局。强调“以国内大循环为主体”，这是否意味着中国将放弃海外市场，逐步走向封闭？

“一个逐步走向封闭的国家，怎么可能签署一个更高水平的自贸协议呢？”在国新办日前举行的吹风会上，中国社会科学院世界经济与政治研究所所长张宇燕的一句反问，有力驳斥了“中国封闭论”。事实上，RCEP 顺利签署，恰恰是中国多年来持续推进更高水平对外开放的佐证。

RCEP 之所以备受关注，不仅仅因为它是世界上参与人口最多、成员结构最多元、发展潜力最大的自贸协定，是东亚区域合作极具标志性意义的成果，更重要的是它代表了多边主义和自由贸易的胜利，必将为促进地区发展和繁荣增添新动能，为世界经济恢复与增长贡献新力量。

这样的判断是有依据的。不妨看看这两组数字：RCEP 现有的 15 个成员国总人口、经济体量、贸易总额均占全球总量约 30%，这意味着全球约三分之一的经济体量将成为一体化大市场；从关税水平来看，货物贸易最终零关税产品数整体将超过 90%，未来不排除有更多税目产品将逐步纳入零关税范畴，这对于广大企业拓展新市场空间将形成重大实质性利好。此外，RCEP 涉及中小企业、投资、经济技术合作、货物和服务贸易等 10 多个领域，在未来实施过程中必将带来更多溢出效应。

40 多年的改革开放，不仅让中国经济迅速发展，更让“开放带来进步、封闭必然落后”的观念深入人心。中国不仅是扩大开放的参与者、受益者，更是积极的推动者。值得关注的是，包括 RCEP 在内，我国目前对外签署的自贸协定已达 19 个，自贸伙伴将达到 26 个。特别是中国通过 RCEP 新建立了中日自贸关系，这是中国首次与世界前十位的经济体签署自贸协定，此举将使中国与自贸伙伴贸易覆盖率由目前的 27% 提升至 35%。

正如专家所言，RCEP 的签署让中国扩大开放又“上了一个大台阶”。事实上，中国推动扩大开放的努力有目共睹，从共建“一带一路”取得丰硕成果到营商环境持续改善，从越来越短的外商投资负面清单到利用外资规模稳健增长，无不表明中国开放的大门不仅不会关闭，未来还将越开越大。

需要指出的是，在新发展阶段，RCEP 对于加快形成以国内大循环为主体、国内国际双循环相互促进的新发展格局，还将起到积极的促进作用。一方面，RCEP 将推动相关产业更充分地参与市场竞争，提升在国际国内两个市场配置资源的能力，巩固我国在区域产业链供应链中的地位，助力构建更高水平的开放型经济新体制。另一方面，RCEP 一体化大市场的形成，将释放出巨大的市场潜力，为进一步促进区域内经贸往来、加快形成国际竞争合作新优势提供有力支撑。

“在世界对开放经济关系产生怀疑的时代，RCEP 提醒世人：自由贸易是实现更大繁荣的最佳途径”。这是英国《金融时报》社评对 RCEP 作出的评价。应该说，这个评价代表了很大一部分西方人士的观点。不过，还需要强调的是，RCEP 将再次证明，多边主义和自由贸易是大道、正道，它们仍然代表着世界经济和人类前进的正确方向。

（刊发于 2020 年 11 月 20 日时评版）

数字化社会呼唤更多人文关怀

人类社会的每一次重大进步，总是伴随着技术上的重大突破，数字时代也不例外——数字技术带来了丰富的应用场景，在推动经济社会发展方面彰显了巨大力量，以至于“数字赋能”已成为当下最热门的话题之一。

对于大多数人来说，适应数字化生活、享受数字化便利并非难事。然而，我们还要面对这样一个基本现实：一端是日新月异的技术创新，另一端却是持续增长的老龄化人口，横亘其间的“数字鸿沟”正不断被拉大。

现实生活中，很多老年人不会使用智能手机、不懂移动支付，被寄予厚望的技术进步不仅没能带来便利，不经意间还成了他们生活中难以跨越的“门槛”，特别是突如其来的新冠肺炎疫情，在驱动线上经济快速发展的同时，也让“数字鸿沟”问题进一步凸显。如何让逾 2.5 亿老年人共享数字便利，事关经济社会高质量发展的“成色”，也是考验社会治理水平的一个新课题。

民有所呼，政有所应。近日，国务院办公厅印发的《关于切实解决老年人运用智能技术困难的实施方案》，不仅回应了社会关切，还就出行、就医、消费等与老年人生活息息相关的重点领域给出了有针对性的解决方案，收获了无数“点赞”。

当然，指望通过一纸文件就把老年人遭遇的智能技术问题全部解决，是不切实际的。需要指出的是，数字技术还在不断地迭代升级，未来数字化应用还会更多更细化，要想真正消除“数字鸿沟”，需要在全社会共同努力下，用更多的人文关怀推动形成从政府部门到企业、从社会到家庭齐谋划、共参与的良好氛围。

从政府层面看，要进一步深化对数字化社会公共领域、公共资源、公共产品的认知。从数字经济的实践看，商业性力量一般会先于政府介入社会发展各领域，这符合市场经济发展的内在规律，也最大程度上节约了公共资源。但要看到，商业逐利的本性往往会导致过度竞争，诸如此前广受诟病的“算法”推荐、大数据“杀熟”等现象。对此，政府要及时伸出“有形之手”予以矫正，同时为特殊群体更好融入数字化社会给予更多帮扶。

从企业层面看，应鼓励从技术创新、产品研发、市场推广等方面融入更多人文关怀。数字技术带来了速度和效率，但老年人不应成为数字化红利所遗忘的群体。从另一个角度看，老年群体也是数字化时代一支潜在的消费力量。有预测显示，“十四五”时期，我国老年人口将突破 3 亿，针对这一群体的数字化应用市场将是一个极具潜力的新增长点。在今年进博会上，智能血糖仪、数字监护设备等“银发产品”备受关注就是佐证。

从社会层面看，要把促进老年人融入数字化社会作为人口老龄化国情教育重点，弘扬尊重和关爱老年人的社会风尚。要针对老年人在日常生活中的应用困难，组织行业培训机构和专家开展专题培训，强化基层社区为老服务的能力，在政务服务、医疗挂号、银行网点、公园场所等预留“缓冲地带”，用有温度的服务取代冷冰冰的技术“一刀切”，为老年人去掉数字化链条上的盲点。

刚刚闭幕的“世界互联网大会·互联网发展论坛”，发出了“数字赋能、共创未来，携手构建网络空间命运共同体”的呼吁，老年人在“构建网络空间命运共同体”上同样不能缺席。人口老龄化将是今后较长一段时期我国的一项基本国情。在这种形势下，以更多人文关怀畅通数字技术与人口老龄化之间的连接，合力推动数字化社会与“银发浪潮”的良性互动和协调发展，将是一项长期任务。

（刊发于2020年11月27日时评版）

用深化改革不断提升创新“势能”

这几天，有关“嫦娥五号”成功登月取土的图文刷爆了微信朋友圈。据悉，此次“嫦娥奔月”是我国“探月工程”第六次任务，也是中国航天史上迄今为止难度最大的任务之一，将创造首次月球无人采样返回等诸多中国“第一”。

此前，“奋斗者”号潜水器在逐梦深蓝的道路上又“潜”进了一大步，13次下潜大海深处并创造了10909米的中国载人深潜新纪录，标志着我国在大深度载人深潜领域已达到世界领先水平。

“可上九天揽月，可下五洋捉鳖，谈笑凯歌还”。时过境迁，梦想已成现实，令人备感自豪。从航天探月到载人深潜，从5G移动通信到第三代核电，一系列科技领域的重大突破，为培育经济发展新动能、推动产业转型升级作出了积极贡献。数据显示，2015年我国与航天相关的企业年注册量首次突破1000家，2019年我国全年新增航天相关企业超过了2700家。

客观上看，近年来我国科技创新发生了历史性变革、取得了历史性成就。据统计，从2015年到2019年间，我国基础研究投入从716亿元增长到1335.6亿元，年均增幅达16.9%。2019年，我国研发经费支出高达2.21万亿元，研发强度已超过欧盟平均水平。在世界知识产权组织最新发布的全球创新指数排名中，中国的国家创新能力指数连续两年进入全球前 15 位，成功跻身创新型国家行列。

虽跻身创新型国家“行列”，但还不是“前列”。一字之差的背后，是我国基础研究与发达国家之间仍有较大差距的现实，一些关键领域核心技术长期受制于人的局面尚未得到根本改变。与此同时，我国已进入高质量发展新阶段，无论是增强内生动力还是应对风险挑战，都对创新这个关键变量提出了更高、更迫切的要求。

对此，党的十九届五中全会提出，坚持创新在我国现代化建设全局中的核心地位，把科技自立自强作为国家发展的战略支撑。这是我国五年规划历史上的第一次，也是继党的十八届五中全会把“创新”放在五大发展理念之首、党的十九大提出“创新是引领发展的第一动力”之后，中央对进一步深化科技改革创新的再认识、再部署，凸显了以改革促创新、以创新促发展的重要性和紧迫性。

面对百年未有之大变局，要把完善科技创新体制机制作为坚持创新驱动、全面塑造发展新优势的重要内容。总体看，经过多年发展，我国科技创新的基础性制度框架已基本确立，但创新环境不完善、科技评价导向不清晰、科技管理效能不高等短板依然较为突出，需要进一步推进科技体制改革，为科技创新提供与其相适应的实践载体和制度安排，用改革的强劲“动能”，不断提升科技创新能力与水平的“势能”。

要辩证处理好科技自立自强与开放合作的关系，强调以全球视野谋划科技创新，不断融入全球创新体系。中国的科技创新从来都不是封闭式创新，今后也不会关起门来自己搞创新，但要清醒地认识到，关键核心技术要不到、买不来，根本出路在于提高自主创新能力，努力办好自己的事情。当然，也要不断学习借鉴国际先进经验，加强科技交流合作，在应对新冠肺炎疫情等全球性挑战中贡献更多"中国方案""中国智慧"。

要加快科技成果向现实生产力转化，推动"技术优势"变为"市场优势"。从供需关系看，需求牵引供给、供给创造需求，要形成更高水平的动态平衡，科技创新将是最有力的支点。当前，我国产业链供应链遇到了一些问题，关键是"卡脖子"技术问题，一些前瞻性、引领性的科技储备还远远不够。对此，要加快关键核心技术科技攻关，提升产业链供应链现代化水平，真正打通从科技强到产业强、经济强、国家强的发展路径。

（刊发于 2020 年 12 月 4 日时评版）

外贸创新高更要重视创新发展

今年可能是中国外贸史上最为“跌宕起伏”的一年——从新冠肺炎疫情暴发后导致的“订单荒”“退单潮”，到岁末加班加点赶订单甚至频现“爆单”，中国外贸牵动着国人神经。

好在中国外贸是从市场摔打中成长起来的，不仅先天具备强大韧性，还善于危中寻机、化危为机，本周公布的进出口最新数据就是佐证。据海关统计，以美元计，11 月份中国外贸进出口总值和出口值双双创下了自 1979 年有统计数据以来单月最高纪录，出口增速也创下了 2018 年 2 月份以来的新高。总体看，不仅外贸规模在持续扩大，国际市场份额也实现了进一步提升。

有舆论认为，中国外贸之所以能“风景这边独好”，离不开好运气的成分。其实不然，这份亮丽成绩单的背后，凝聚着从中央到地方以及每个市场主体的辛勤努力与付出，正所谓“事非经过不知难”。

今年以来，中央出台了一系列稳外贸政策措施，在保外贸主体、保市场份额、保出口订单、保产业链供应链稳定等方面精准施策，形成了应对各种风险挑战的强大合力。实践证明，这些政策“组合拳”有力有效，在稳住中国外贸“基本盘”的同时，还积极推动了全球产业链供应链稳定运行，为世界经贸复苏作出了重要贡献。

此前，有市场分析判断，海外疫情持续蔓延会大幅降低从中国进口的需求。事实上，正是由于海外产能受到的冲击更为严重，很多境外订单不得不转向中国。当然，市场之所以作出这样的选择，还是基于中国统筹疫情防控和经济社会发展取得重大战略性成果这个前提，特别是中国经济率先复苏和国内产能快速恢复，为外贸稳增长赢得了主动。

需要指出的是，当前外贸强劲复苏并非全行业复苏，这种复苏中存在着明显的行业分化。其中，与防疫相关的医护物资、呼吸机等医疗设备，家具、运动器材等“宅经济”产品，以及与线上转型相关的笔记本电脑、手机等电子产品，是推高我国出口的主要动力，诸如服装、鞋帽等一些传统商品的出口尚不尽如人意。

此外，随着后疫情时代中国出口替代效应减弱，前期转移至国内的境外订单大概率会出现回流。同时，境外疫情暴露出来的经济风险，可能会驱使一些国家开始重视自主产业链供应链体系建设，这将给经济全球化带来一定阻碍，对此应提前做好应对准备。

对于中国外贸未来走向，一个基本判断就是：短期内，出口较快增长的局面仍将继续维持；长期看，随着明年全球疫苗大规模接种，海外产能逐步恢复将对中国外贸产生一定影响，出口或将回归到新的平稳状态。这意味着留给外贸转型升级的时间窗口并不是很长，须尽快抓住有利时机补上短板。

外贸越是创新高，越要重视创新发展。当前，我国经济进入高质量发展新阶段，外贸作为联通国内国际两个市场、促进国内国际双循环主要途径之一，在构建新发展格局中将发挥不可或缺的重要作用。不过，主要建立在要素成本基础上的传统外贸发展模式已不能适应外部形势变化的需要，迫切需要以高质量发展为主线，用创新发展塑造中国外贸参与国际市场竞争的新优势。

对此，国务院办公厅日前印发了《关于推进对外贸易创新发展的实施意见》，从优化国际市场布局、创新要素投入等九个方面提出了精准举措，对加快推动外贸创新发展作出了再部署。可以预见，随着上述举措加快落地实施，有望催生出更多外贸新业态新模式，它们将为中国经济高质量发展注入更多新动能。

（刊发于2020年12月11日时评版）

促进更高水平的供需动态平衡

日前召开的中共中央政治局会议强调，要扭住供给侧结构性改革，同时注重需求侧改革。一时间，“需求侧改革”成为人们关注的焦点。

从字面上不难理解，供给侧改革与需求侧改革分别对应着社会经济循环的起点和终点，二者发力点虽不相同，但也不是被完全割裂的两部分。现实中，它们往往相互交织又互为影响，继而对整个国民经济体系运行效能产生影响。

对于供给侧结构性改革，大家耳熟能详。自 2015 年以来，从中央到地方都将其作为工作主线，在去杠杆、去库存、去产能、降成本、补短板等方面持续发力，不仅促进了宏观经济在合理区间稳健运行，还有力推动了经济发展质量效益稳步提升。不过，供给侧结构性改革在持续推进的同时，也让一些结构性、体制性的深层次问题得到充分暴露，特别是社会总供给与总需求之间差距有所扩大的态势值得关注。

国家统计局数据显示，今年 1 月份至 11 月份，我国社会消费品零售总额同比下降 4.8%，如果按当前消费增速测算，全年消费增速转正的目标已很难实现。在出口规模与增速创新高、投资恢复正增长、工业利润持续向好的情况下，即便存在新冠肺炎疫情等一些客观原因，但消费表现不尽人意仍从一个侧面反映出推动需求侧改革的重要性和紧迫性。

从构建新发展格局要求看，需求侧改革还是推动构建国内经济大循环格局的内在要求。当前，我国经济已进入高质量发展新阶段，构建以国内大循环为主体、国内国际双循环相互促进的新发展格局，一个重要方面就是要坚持国内大循环为主体，实现国内大循环为主体这一目标，就要尽快建立起完备的内需体系，进一步发挥好消费在国民经济运行中的基础性作用。

与供给侧结构性改革主要通过优化要素资源配置不同，需求侧改革主要通过扩大内需来实现。传统的扩大内需主要依赖于基建、房地产等投资，需求侧改革意味着扩大内需的重心将从依靠传统投资转向更具潜力的消费驱动，从而推动国内需求结构均衡优化。

需求侧改革要着力提振消费信心和意愿。目前，中国经济已进入新的发展阶段，消费对于经济的带动作用明显增强。不过，在消费规模扩大、结构优化升级的同时，消费水平仍有较大提升空间，特别是近年来新型消费发展态势良好，但在扩大新型消费过程中仍存有不少堵点、痛点和难点，亟须通过需求侧改革来加以解决。

需求侧改革要进一步提高居民消费能力。提高消费能力，要从扩大就业、完善收入分配机制、加快社会保障制度改革等入手，扩大中等收入人群规模，让居民能消费、敢消费。同时，要全面实施乡村振兴战略，推动以工补农、以城带乡，进一步激发起农村消费这一极具潜力的增长极。

需求侧改革还要在营造良好消费环境上下功夫。近年来，我国陆续出台了一系列促进消费的政策措施：一方面要积极推动这些政策措施落到实处，保护居民消费权益和消费信心；另一方面要着力构建以信用为核心的新型市场监管机制，通过加强新型基础设施建设，抓住新型消费发展带来的新机遇。

当然，需求侧改革不仅仅是需求侧的问题，也要在供给侧一端持续发力。目前，在我国经济面临的一系列问题中，既有优质供给、有效供给不足的短板，也有供需之间结构性错配的矛盾，只有通过供需两端相互配合、协同发力，才能打通堵点、补齐短板，真正推动形成需求牵引供给、供给创造需求的更高水平动态平衡。

（刊发于 2020 年 12 月 18 日时评版）

“外资安全审查导致开放倒退”是误读

对影响或者可能影响国家安全的外商投资进行安全审查是国际通行做法，也是平衡经济发展与维护国家安全的应有之义。在外商投资法实施将满一周年之际，国家发展改革委、商务部发布了《外商投资安全审查办法》(以下简称《安审办法》)，从政策法规层面填补了监管空白，从而有助于进一步提高外资安全审查的透明度和可预期性，为更高水平对外开放保驾护航。

作为全球最受欢迎的外商投资目的地之一，中国的一举一动全球瞩目。《安审办法》的发布，自然也引发了海外市场的广泛关注和多种反应。有一种观点认为，《安审办法》是一种保护主义，甚至会导致开放的倒退；也有一些外商担心，外资安全审查可能会出现泛化，继而影响到在华投资的效率。

这种观点，实际上是对我国外商投资安全审查制度的误读。事实上，《安审办法》与我国全面扩大开放、坚持“稳外资”的政策基调并不矛盾。对外开放作为我国的基本国策，绝不会因为一时一事而动摇，近年来我国外资“负面清单”不断瘦身、鼓励目录持续扩大就是佐证。

实行高水平对外开放，推动改革和开放相互促进，是近日召开的中央经济工作会议确定的重要任务之一。在已加入区域全面经济伙伴关系协定（RCEP）的基础上，中央经济工作会议还专门提出要积极考虑加入全面与进步跨太平洋伙伴关系协定（CPTPP）。这一系列表述都表明，中国扩大开放的决心不减、步履不停，对外开放的大门只会越开越大。

从外资安全审查制度的演变看，出台《安审办法》恰逢其时，而是历经了“十年磨一剑”。早在2011年，我国就建立了外国投资者并购境内企业安全审查制度。2015年起，我国在自由贸易试验区试点实施了与负面清单管理模式相适应的外商投资安全审查措施。近年来，随着我国外资“负面清单”连续缩减，制造业、能源资源、基础设施、农业、金融等领域均实现了对外资的重大开放。在此背景下，建立国家外商投资安全审查制度的呼声也渐高。

不仅有实践基础，《安审办法》的发布也具备法律依据。作为新时期我国外商投资的基础性法律，外商投资法从法律法规层面确立了准入前国民待遇加负面清单管理制度，明确提出要建立国家外商投资安全审查制度。按此要求，在总结梳理2011年以来我国外商投资安全审查实践的基础上制定并出台《安审办法》可谓水到渠成。

40多年改革开放的历程，让我们愈发认识到，越是扩大开放，越要重视安全，越要统筹好发展和安全两大工作，特别是要平衡好扩大开放与风险防控的关系。当前，我国经济已深度融入全球化浪潮中，一方面我们要用优良的营商环境、完备的产业配套优势吸引更多的外商来华投资兴业，另一方面也要努力防范风险、维护好国家经济安全。从这个维度看，制定出台《安审办法》既是我国推动实现高质量发展的目标使然，也是完善全球经济治理的责任所在。

今年以来，新冠肺炎疫情给全球跨境投资造成了巨大冲击。在复杂严峻的形势下，我国利用外资仍稳中有增，成为全球极少数吸收外资保持增长的主要经济体之一。欣慰之余，我们也要看到，当前跨境投资领域的潜在风险有所加大，不确定性因素持续增多，要切实把好安全审查这第一道防线，坚持开放和安全并重，坚持在开放中谋发展、保安全，推动扩大开放与风险防控协同共进，同时进一步增强安全审查的针对性、精准性和可操作性，避免出现安全审查的泛化。

需要强调的是，在经济全球化的背景下，没有安全保障的对外开放是不可持续的，只有把防控安全风险的篱笆扎得更密更牢，才能为新一轮对外开放奠定坚实基础，才能更好地实施更大范围、更宽领域、更深层次的对外开放。这也正是制定《安审办法》的意义所在。

（刊发于 2020 年 12 月 25 日时评版）

从“两个目录”之变感受民生温度

过去一年，我们与病毒进行了一场史无前例的特殊较量。在以习近平同志为核心的党中央坚强领导下，全国人民众志成城、攻坚克难，在统筹新冠肺炎疫情防控和经济社会发展方面取得重大成果，交出了一份人民满意、世界瞩目、可以载入史册的答卷。

这一年里，人们虽经历了迷茫、焦虑，但收获更多的是感动、感激，以及对生命至上的敬畏，也更加理解了我们党以人民为中心的发展思想的深刻意蕴。这一思想不仅体现在对新冠肺炎患者争分夺秒、决不放弃的救治上，更蕴含在对民生关怀的每一个细节里。

这几天，2020 年国家医保药品目录一经发布，便迅速收获无数点赞。这个被称为“史上谈判药品数量之最”的医保药品目录，入围新药一次性新增 119 种，并在药价降幅和临床效果上实现了“较高性价比”。不仅如此，新版国家医保药品目录还将利巴韦林注射液、阿比多尔颗粒等国家新冠肺炎诊疗方案中所列药品全部纳入，让老百姓消除了很多顾虑。

能否用上新药好药，事关普通百姓的健康福祉。近年来，国家医保目录每次调整都会带来新变化，从药品种类增加到整体数量飞跃再到目录结构优化，一大批临床疗效显著、价格合理的新药好药纳入目录之中，最大程度地惠及了民众健康。

与医保药品目录牵连着千家万户不同，貌似与老百姓不相干的鼓励外商投资产业目录，其背后同样贯穿着民生优先的政策导向。

通常情况下，每3年至5年国家会对鼓励外商投资产业目录进行适当修订，以适应外部市场环境的变化。我国已在2019年对鼓励外商投资产业目录进行了修订，一年多后，有关部门又对目录进行修订。这样超常规的修订节奏其意何在？

近年来，我国吸引外资规模持续增长，2020年更是以超1400亿美元的利用外资规模创历史新高。与此同时，受新冠肺炎疫情和保护主义、逆全球化等因素叠加影响，全球跨境投资呈明显下行态势，在此背景下，及时修订投资目录是顺应变化实现稳投资的重要举措。

仔细研读扩容后的新版投资目录，就不难发现其背后的良苦用心。新版投资目录一举新增了制造业、生产性服务业、中西部地区等项下的127个条目，无论是与实体经济相对应的制造业、与数字经济新业态新模式相对应的生产性服务业，还是立足于劳动力相对富裕的中西部地区产业布局，均精准指向扩大就业这一民生目标，希望通过投资引导实现稳存量、促增量、提质量，用更多就业岗位推动产业发展带动民生改善。

民生无小事，民生改善最终要通过发展来实现，而民生发展中也蕴含着激发经济新动能的大能量。当前，新冠肺炎疫情对我国经济社会发展的影响还未完全消除，但我国民生保障的力度不会降低，以高质量发展满足人民日益增长的美好生活需要的目标也不会改变。实践证明，只要心里装着人民，始终把人民利益放在最高位置，锚定“基本民生”这颗“定盘星”，中国经济这艘大船在新征程上就一定能乘风破浪、行稳致远。

（刊发于2021年1月1日时评版）

推动绿色发展要“大手笔”也需“绣花功”

作为我国“生态优先、绿色发展”的区域发展样板，长江经济带用5年时间实现了生态环境保护的“转折性变化”，取得了经济社会发展的“历史性成就”，这是以习近平同志为核心的党中央坚强领导的结果，是沿江省市广大干部群众及有关部门积极参与、共同努力的结果，也是习近平生态文明思想的一次生动实践。

5年来，从“推动”到“深入推动”再到“全面推动”，长江经济带发展顶层设计日渐清晰，各地各部门坚持问题导向、系统思维，以钉钉子精神持续推进生态环境整治，力度之大、规模之广、影响之深可谓前所未有。长江流域劣Ⅴ类水体首次“清零”、8000多家化工企业关改搬转、1361座非法码头彻底整改、2417个违法违规项目已清理整顿……相关数字的背后，彰显着长江经济带绿色发展的十足成色。

但要清醒地看到，当前的成效只是初步的、阶段性的，对于长江经济带这个国内经济总量最大、腹地延伸最广的经济区块来说，5年的探索还只是一个开始。未来，推动长江经济带发展还有很多问题要去解决，特别是体制机制等关键环节改革还有待突破。对此，我们既要有“大手笔”，也需下“绣花功”，扎实做好长江经济带发展这篇“绿文章”。

以规划“护绿”，厚植绿色发展沃土。推进长江经济带发展从一开始就确立了“共抓大保护、不搞大开发”“生态优先、绿色发展”的战略导向，未来要继续以规划管控牢守生态空间，通过自然恢复与治理技术创新相结合，推进生态环境系统性保护修复，提升生态系统功能质量，夯实绿色发展基础。上海崇明岛“鸟进人退”、重庆铜锣山废弃矿坑群变“网红小九寨”等，堪称“护绿”范例。

用产业“添绿”，推进绿色转型升级。一个重要课题就是要加快实现传统产业绿色化改造，提升产业含“绿”量。一方面，要调整优化传统产业布局，促进新旧动能转换；另一方面，要着力培育具有国际竞争力的战略性新兴产业和先进制造业集群，形成与资源环境承载力相适应的绿色产业体系。江西九江化工园区以“五化改造”破解化工围江难题、江苏沿江地区着力打造先进制造业产业集群等探索，均取得了良好成效。

借科技“助绿”，培育绿色发展新动能。全面提高资源利用效率，加快推动绿色低碳发展，离不开科技创新的加持。要整合长江经济带沿线科教资源，强化融合发展优势，让更多绿色科技成果成为推动长江经济带绿色发展的新动力源。比如，湖北武汉、江苏南京等地充分发挥科教资源较为集中的优势，加快绿色成果的转化运用，为全面塑造创新驱动发展新优势提供了有力支撑。

在“护绿”“添绿”“助绿”的基础上，还要进一步畅通“点绿成金”的体制机制，探索“绿水青山”向“金山银山”转化的有效路径。近年来，一些地区积极探索生态产品价值实现的途径，推动资源变资产、资产变资本、资本变财富；还有一些地方通过构建跨区域生态环保协作机制，打破行政区划的藩篱，加大改革创新力度，绿色发展的内生动力不断被激发。实践证明，生态环境保护与经济社会发展不是矛盾对立的，而是相互融合促进的。

今年是“十四五”规划的开局之年。站在新的历史起点上，长江经济带建设被赋予了生态优先绿色发展主战场、畅通国内国际双循环主动脉、引领经济高质量发展主力军的新使命。未来，只要我们继续保持抓铁有痕、踏石留印的严实作风和功成不必在我、功成必定有我的担当精神，就一定能推动长江经济带高质量发展走深走实，为构建新发展格局作出更大贡献。

（刊发于 2021 年 1 月 8 日时评版）

污水是第二水源，要善治善用

污水治理是个老话题，但污水资源化利用却是个新课题。日前，国家发展改革委等十部门联合印发《关于推进污水资源化利用的指导意见》(以下简称《指导意见》)，从国家战略高度对污水资源化利用做出全方位部署，这还是头一回。

有人认为，如此大力度推动污水资源化利用，是不是有点小题大做？回答这个问题，需要在我国人多水少、水资源时空分布不均、与经济要素之间不适配这个基本水情下进行考量。目前，我国人均水资源量仅为世界平均水平的四分之一，根据过去20年数据测算，我国城镇化率每提高1%，城镇生活用水要增加16.7亿立方米。显然，水资源短缺已成为制约我国经济社会高质量发展的主要瓶颈，而加快污水资源化利用正是解决我国水资源短缺的重要途径之一。

近年来，我国年均污水排放量达750亿立方米，且呈逐年增长态势，但再生水利用量尚不足100亿立方米。一边是很多地方“喊渴”，一边却是大量再生水资源被白白地浪费掉。一些缺水地区千方百计寻找替代水源，甚至不惜成本地远距离调水或搞海水淡化、开采深层岩层地下水等，总体看这些举措在可操作性或经济性上尚存在短板。相比而言，污水资源化利用不仅可以就地造水，而且对生态环境影响低，具有明显的综合优势。

既然比较优势明显，为何污水资源化利用实施起来困难重重？一个重要原因就是再生水价格机制不完善，缺少合理的收费和激励机制，导致企业对再生水使用积极性不高。此外，水质标准覆盖不全面、水质分级标准缺失以及基础设施建设缺乏统筹等，也是造成再生水使用成效不明显的重要因素。

针对上述难点、堵点，《指导意见》从全局高度把污水资源化利用融入当前水资源格局中，在“节水优先”的治水方针下，节水和治污统筹推进，强调把污水资源化利用作为节水开源的重要内容，推动再生水纳入水资源统一配置制度，促进其与城市供水体系的有效衔接，真正实现污水作为“第二水源”的功能。

当然，污水资源化利用从“善治”到“善用”，要充分发挥好再生水价格形成机制的作用。一方面，污水资源化利用本身具有较强的公益性，既需要市场积极参与，也需要政府规范引导，要通过建立使用者付费制度，放开再生水政府定价，鼓励采用政府购买服务的方式推动污水资源化利用；另一方面，要通过项目融资、专项债券、绿色金融等手段，提高社会资本进入污水资源化利用领域的积极性。

需要指出的是，污水资源化利用不只是一个简单的水资源问题，未来的污水处理厂也不会只停留在单一的污水处理上，它还可以是一个资源生产的工厂，比如污水中大量的磷、氮等物质可以转化为农作物的肥料，污水处理中产生的热量可以作为地热资源用于建筑物供暖等。污水资源化利用的过程，也将是公用事业走向更为广泛产业化的过程。

不仅如此，污水资源化利用还将成为推动低碳经济发展的重要抓手和促进经济社会高质量发展的有效动力。目前，全国已建成并投入运营的城镇污水处理厂有 4000 多座，日总污水处理规模超过 2 亿立方米，位居世界第一。未来，随着污水资源化利用的深入实施，在盘活现有存量资源的同时，将带动一批污水处理厂新建或提标扩容改造，同时催生出污水先进设备研制、运营维护服务等新业态新模式，形成规模庞大、前景广阔的生态环保增量市场。

（刊发于 2021 年 1 月 15 日时评版）

消弭“温差”关键在于收入分配改革

现实生活中，我们经常会遇到宏观经济增长与微观主体感受不一致的情况，诸如居民收入“被增长”、消费支出“拖后腿”等现象。本周，国家统计局发布的“2020年我国GDP首次突破百万亿元”消息，引来了一些人的疑惑：经济超预期增长，为何自己没感受到？

对此，国家发展改革委有关负责人回应表示，国民经济是一个大系统，区域、行业、企业的发展情况不一，个体对于宏观经济的感受自然也会有所不同。该负责人强调，下一步将加强经济运行监测、密切跟踪市场主体发展情况，及时采取更有针对性的政策举措，让更多市场主体能够切实感受到经济恢复的暖意。

不仅是微观市场主体对此有不同感受，普通民众或多或少也会存在感受上的“温差”。通常情况下，GDP作为反映经济发展整体状况的一个重要指标，并不能准确地反映出微观个体收入水平的变化，但收入波动恰恰又是影响人们感受的最直接因素之一，直接将这两个不同维度的指标放在一起比较，自然会在感受上产生“温差”。

尽管“温差”的出现有技术性因素的一面，但“温差”背后牵连着广大人民群众的切身利益，事关人们的获得感、幸福感、安全感，因此我们不仅要正视“温差”的存在，更要从中发现问题、找出不足，以更大的努力开启未来，不断满足人民群众对美好生活的需要。

当前，新冠肺炎疫情对我国经济的冲击以及对市场主体、民众生活的负面影响仍未完全消除，一些企业特别是中小企业恢复正常生产运营还面临着不少困难和挑战，不少群众的收入仍未恢复到疫前水平。与此同时，多点散发的疫情态势，让此前基本恢复的生产生活秩序又面临诸多不确定性，部分中高风险地区的企业与民众或将经受新一波严峻考验。

好在经过全国人民共同努力，我国GDP突破百万亿元大关，经济实力、科技实力和综合国力跃上了新台阶。一方面，经济总量超预期大幅提升，让我们有能力更从容地应对各种风险挑战，推动经济高质量发展的基础也更加雄厚；另一方面，作为亿万微观市场主体经济运行的综合体现，稳定增长的GDP又将为微观市场主体更好发展提供良好的发展预期和稳定的市场环境。

从本质上看，无论是市场主体还是微观个体，消弭感受“温差”的根本途径在于深化收入分配制度改革，在做好初次分配的基础上，进一步加大再分配的力度。

多年来，我国居民收入分配一直表现为以中低收入群体为主的纺锤形结构，收入差距较大，一定程度上制约了国内消费大市场的形成。未来，推进收入初次分配应继续坚持效率优先，让市场发挥配置资源的决定性作用，更好发挥政府作用，形成有效激励；收入再分配要更加注重均等协调，努力实现居民收入增长和经济发展同步，劳动报酬增长和劳动生产率提高同步。

需要强调的是，“十四五”时期，我国经济增长动力将主要来自于消费需求，而消费需求又主要依靠居民收入的增加。如何通过更加高效有力的收入分配改革来扩大社会消费总需求，将是考验我们的一道必答题。

（刊发于 2021 年 1 月 22 日时评版）

新版“西部鼓励类产业目录”新在哪

备受关注的新版《西部地区鼓励类产业目录》(以下简称《目录》)日前正式发布，这是时隔6年之后的首次修订。与2014年版本相比，新版《目录》保持了原有结构框架的基本稳定，但在西部各省份现有产业条目的基础上进行了适当调整，既体现了国家的产业发展导向，又兼顾了西部不同地区的比较优势。

西部大开发实施20多年来，我国西部地区经济社会发展取得长足发展，综合实力显著增强，特别是党的十八大以来，西部地区经济年均增速快于全国平均水平1.2个百分点。也要看到，现阶段我国东西部地区发展差距依然较大，发展不平衡、不充分等问题依然存在，而创新能力偏弱、产业升级缓慢等挑战又不断显现。

在此背景下，对《目录》作出相应调整，可以更好发挥产业政策的导向作用。对西部地区鼓励类企业按15%的税率征收企业所得税，是西部大开发的一个重要政策。新版《目录》对这一政策的适用产业范围作出明确界定，是企业能否享受该政策的重要依据，更重要的是，它还与西部大开发财税、金融、投资、土地、人才等政策协同发力，共同构成促进西部地区高质量发展的产业政策体系。

西部地区是重要的生态安全屏障和能源资源富集区，同时也是典型的生态环境脆弱区，必须紧扣绿色发展的要求，统筹处理好保护与发展的关系。因此，新版《目录》更加强调绿色发展的理念，在部分西部省份增加了绿色低碳、节能环保、循环经济、资源综合利用等产业条目，突出了对铝、煤炭、石材、有色金属等传统能源资源行业调整优化结构、提升技术水平的要求。同时，继续鼓励部分省份发展风电、光伏、氢能、地热等新能源开发利用，谋划工业节能降耗技术开发及应用、生态环境治理、绿色建材等绿色产业发展。

经济增长内生机制缺乏是西部地区发展短板之一，而现代化产业体系建立相对滞后是导致这一现象的主要原因。新版《目录》以导入优质市场要素、提升扩大创新优势、加快培育战略性新兴产业为抓手，对西部地区构建现代化产业体系进行了部署。比如，在重庆、四川、云南等省份增加了5G、物联网、工业互联网、云计算、人工智能、区块链等相关条目；在陕西、重庆、贵州等省份增加高端芯片、新型药物、超高清视频产业制造、商业航天等产业条目。未来，这些项目将有助于强化西部地区工业基础和技术创新能力，促进先进制造业和现代服务业的融合发展。

西部地区产业布局既要实行“有差别的政策导向”，也要强调“全国一盘棋”，这在承接东部地区产业转移上尤为突出。近年来，西部地区在承接产业转移中存在重规模轻质量、地区间产业引进过度竞争、产业配套能力不足等问题，一定程度上削弱了产业转移的效果。与此同时，东南亚、南亚等境外地区也在以较低成本优势竞相承接东部地区产业资源外溢。为此，新版《目录》从促进西部地区创新链、产业链、价值链与东部地区对接联动出发，积极发挥西部地区回旋余地大等优势，有针对性地增加了汽车、通信、航空航天材料等产业条目，精准有序引导东部地区产业转移，推动东西部地区产业实现合作共赢。

当然，《目录》修订发布的目的并不局限于产业发展本身，它还体现了补齐国民经济循环短板、加快构建新发展格局的内在要求，对于巩固促进脱贫攻坚成果与乡村振兴衔接、推动形成强大国内市场、改善民生保障等将产生积极的促进作用。

需要强调的是，要真正发挥好《目录》的产业引导作用，西部地区还要继续在深化“放管服”改革上下功夫，推动有效市场和有为政府的更好结合，用富有竞争力的营商环境吸引更多项目在西部地区扎根、成长。

（刊发于 2021 年 1 月 29 日时评版）

紧扣高标准市场体系“三个关键词”

每到岁末年初，受节日消费等因素影响，菜价及一些食品价格都会出现不同程度的上涨，今年也不例外。不过，今年“菜篮子”价格出现了明显分化，大葱、青椒等部分蔬菜价格涨幅较大，而往常领涨的猪肉价格却平稳回落，鸡蛋价格更是稳中有降。

之所以出现上述分化，离不开政府“有形之手”的作用。以猪肉为例，自去年 12 月下旬以来，有关部门已连续投放了 8 批中央储备肉，累计投放量达 21 万吨，有力促进了猪肉价格的回稳。可以预计的是，随着有关部门加大蔬菜调运力度，菜价上涨势头也会很快得到缓解。

市场价格本应由市场供需决定，但在市场机制失灵的情况下，政府及时伸出“有形之手”做好重要民生商品的保供，是一个成熟市场的应有之义。事实上，不仅仅是肉菜价格的波动，日常生活中我们遇到的很多问题，从根本上看都可归结到如何正确处理政府和市场的关系上，让市场在资源配置中发挥决定性作用，同时更好发挥政府作用，这恰恰是建设高标准市场体系的核心所在。

自党的十四大明确建立社会主义市场经济体制的改革目标，党的十八届三中全会提出“加快完善现代市场体系”“使市场在资源配置中起决定性作用”以来，市场各方对市场体系的认识不断深化，市场体系建设也取得了长足进步，应该说，建设高标准市场体系的条件已成熟。同时，我国在产权保护上仍有不少薄弱环节，在市场准入上某些行政垄断依然存在，一些领域市场竞争有时还并不那么“公平”，诸如此类的短板与不足，已成为制约我国经济高质量发展的瓶颈。

正是基于上述考量，中办、国办日前印发了《建设高标准市场体系行动方案》，首次提出“通过 5 年左右的努力，基本建成统一开放、竞争有序、制度完备、治理完善的高标准市场体系”，从夯实市场体系基础制度、推进要素资源高效配置、改善提升市场环境和质量、实施高水平市场开放、完善现代化市场监管机制等五个维度，提出了 51 条具体措施。

需要指出的是，行动方案为建设高标准市场体系提供了施工图，但高标准市场体系建设不是对现有市场的简单整合，也不是对国外模式的照搬，而是基于我国发展实际，强调要紧扣“高效率、高质量、高水平”这三大关键词——

“高效率”就是要发挥市场的决定性作用，提高要素资源的配置效率。这其中，既要促进土地等传统要素在城乡之间自由有序流动，也要激发知识、技术、数据等新型要素潜在活力；

“高质量”就是要构建优良的营商环境，在提升商品及服务质量的同时，将优化营商环境工作全面纳入法治化轨道。比如，方案中提出的加大对非公有制经济产权的司法保护力度、全面落实“全国一张清单”管理模式等，将为各类市场主体公平竞争提供良好的市场环境；

“高水平”就是通过高水平对外开放和市场监管，对高标准市场体系建设形成强有力支撑和保障。高水平对外开放不仅体现在开放的广度上，还要在开放的深度上持续拓展；高水平市场监管则强调该放的权要放足，该管的事要管好，不断提高市场监管的科学性、有效性和协调性。

当前，行动方案中的一些部署已在部分地区有序开展，如市场一体化改革已在长三角、粤港澳大湾区等地探索，金融业开放、外资准入负面清单、竞争政策试点等自贸试验区制度改革在上海等地持续推进，个人破产制度在深圳先行先试等。未来，高标准市场体系建设一方面要妥善处理好顶层设计和基层实践的关系；另一方面也要注意调动地方、企业和个人的积极性，鼓励创新发展，留出试错空间，让中央的决策部署真正落实到行动上来。

（刊发于 2021 年 2 月 5 日时评版）

别样“年经济”折射中国市场活力

今年春节期间，很多人响应“就地过年”号召，长途旅游、交通运输及住宿餐饮等行业受到了一些影响，但文化休闲、“云消费”等多种消费形式的兴起，让别样的“年经济”热度不减、年味十足。

春节向来是传统消费旺季，在倡导“就地过年”的背景下，如何合理引导居民消费意愿，有序促进消费潜力释放，成为今年春节各地必须面对的新课题。对此，有关部门采取政企联动、区域联动、商旅文联动等方式，围绕特色年货、年俗、年夜饭等春节消费热点，开展了一系列内容丰富、形式多样的消费促进活动。很多地方还有针对性地发放新春大礼包、电子消费券等，在鼓励民众“就地过年”的同时，也起到了促进消费、繁荣市场的作用。

年夜饭一直是春节消费的热点。在“就地过年”少聚集的要求下，今年的冷冻年菜和年菜半成品带动了年夜饭销售业务的直线飙升，即便是简单便捷的“一人食”年夜饭，也受到不少“就地过年”消费者的热捧。数据显示，在“2021 全国网上年货节”十大热销年货中，半成品年夜饭位列榜首。

同样炙手可热的还有电影票房。今年春节档期电影票房不仅远超往年同档期票房，还刷新了全球单一市场单日票房、全球单一市场周末票房等多个世界纪录。此外，“就地过年”还带火了各地游乐园、农家乐等“微度假”场所，进一步提升了新春消费市场的热度。

从供需两端看，“就地过年”虽然对居民消费结构产生了一定影响，但供给端保障充足、需求端消费旺盛的总体格局并未改变，特别是随着疫情防控成效显现及居民可支配收入增长，民众消费信心在进一步增强，市场持续回暖态势有望延续。换言之，“就地过年”将过去跨区域消费转化成了本地消费，也促进形成了新的消费亮点，诸如家乡年货“反向狂奔”与“淘宝式拜年”的互为补充、“云旅游”与“宅经济”的相映成趣等，让传统的周期性假日消费变成了更为新潮的常态化消费。

消费大数据让我们看到了春节消费的新动向与社会发展的新变迁。比如，洗碗机、扫地机器人、干衣机成为孝敬长辈“新三大件”，智能按摩仪、擦窗机器人等“黑科技年货”，春节期间的销售增速同比增长了 1 倍至 3 倍。此外，春节消费市场上还出现了一批深受消费者喜爱的定制化、智能化商品，一些贯通城市乡村、涵盖线上线下的消费场景和服务新业态新模式也广受欢迎，这些新型消费不仅更好地满足了老百姓春节假期多样化、个性化的消费需求，也有助于激发更多的消费潜力。从这个意义上看，今年的春节已不仅是传统意义上的“过大年”，它更是创造强劲消费的重要时间节点。

值得关注的是，在今年春节消费中，品质消费的趋势变得更加明显。从过去“买得起”“买得到”，到如今“买得好”“买得方便”，尤其是经历了春节高频集中消费的压力测试后，我们做好消费扩容提质工作的信心更足了，也更有底气了。

强大的国内需求是推动经济持续稳定增长的坚实基础，也是加快构建新发展格局的内在要求。新的一年，我们要在消费结构变化中找准需求，把扩大消费与改善人民群众生活品质结合起来，在提高居民消费能力、改善消费环境、开拓消费新增长点等方面精准施策、持续发力，进一步发挥好消费对经济发展的基础性作用。

（刊发于2021年2月19日时评版）

做好绿色低碳循环发展的必答题

在碳达峰、碳中和的目标要求下，如何统筹处理经济发展与生态环保之间的关系，推动经济社会发展全面绿色转型，是我国经济进入新发展阶段后要做好的一道必答题。在此背景下，《关于加快建立健全绿色低碳循环发展经济体系的指导意见》近日一经发布，就引发社会各方广泛关注。

作为国家层面的制度设计，该指导意见不仅用全生命周期理念阐述了绿色低碳循环发展经济体系建设的全过程，还从生产、流通、消费、基础设施、绿色技术、法律法规等环节明确了重点任务，为推动中国经济绿色发展指明了方向。

从人类社会发展的演变进程看，绿色低碳循环发展代表着当今时代科技革命和产业变革的方向，也是未来最具潜力、最有前途的发展领域。面向百年发展目标，加快建立健全绿色低碳循环发展经济体系，既是构建现代经济体系的应有之义，也是建设现代化国家的必由之路。

客观上看，党的十八大以来，我国生态文明建设发生了历史性、转折性、全局性变化，得到广大群众的充分肯定，也受到了国际社会的广泛赞誉。但也要清醒认识到，我国绿色发展仍处于压力叠加、负重前行的关键期，绿色生产生活方式尚未根本形成，能源资源利用效率不高，生态环境治理成效还不稳固，生态环境质量与人民群众的要求存在不小差距，未来实现碳达峰、碳中和的目标任务还十分艰巨。

坚持生态优先、绿色发展，是以习近平同志为核心的党中央确立的重大治国理政方略之一。正是基于当前我国绿色发展实际，党中央从全局出发，提出要加快建立健全绿色低碳循环发展经济体系，明确经济全链条绿色发展要求，强调推动绿色成为发展的底色，使发展建立在高效利用资源、严格保护生态环境、有效控制温室气体排放的基础上，统筹推进高质量发展和高水平保护，确保实现碳达峰、碳中和目标，推动我国绿色发展迈上新台阶。

需要指出的是，建立健全绿色低碳循环发展经济体系是一项涉及经济社会发展各个方面的全局性、系统性工程，需要科学准确地认识其内涵要义。从内在逻辑上看，绿色低碳循环发展经济体系虽涵盖了绿色发展、低碳发展与循环发展三大领域，但并非三者的简单叠加，而是呈现出彼此相互促进、互为补充的协同发展关系。具体来看，绿色发展侧重于生态质量改善问题，低碳发展侧重于解决节能减碳问题，而循环发展更侧重于资源保护与高效利用问题。各地在发展实践中，应在加强统筹协调的基础上，更加注重因地制宜精准施策，不断形成推动中国经济高质量发展的合力。

当然，建立健全绿色低碳循环发展经济体系也是一项长期性、艰巨性任务，它不可能一蹴而就，需要各方持之以恒地抓好落实。这样，绿色低碳循环发展经济体系才能真正落地生根、枝繁叶茂。一方面，既要坚持重点突破，也要强调稳中求进，做好绿色转型与经济发展、技术进步、产业接续、稳岗就业、民生改善的有机结合，积极稳妥、韧性持久地加以推进；另一方面，既要坚持创新引领，也要强化市场导向，在深入推动技术创新、模式创新、管理创新的基础上，进一步形成政府引导、企业主体、市场导向、公众参与的发展机制，为绿色发展注入强大动力。

（刊发于 2021 年 2 月 27 日时评版）

“关键小事”彰显民生情怀

“未来就在其中！”这是一位网民在“十四五”规划和2035年远景目标纲要发布后的留言。短短6个字，却道出了这份规划纲要沉甸甸的分量。

“十四五”是我国进入新发展阶段的首个五年，“十四五”规划和2035年远景目标纲要不仅锚定了国家未来发展的方向，还在许多重点领域明确了具体目标及实现路径，描画出5年后乃至15年后“你的样子”。

从解决入托难、上学难，到化解养老难、就医难，再到保障老百姓“菜篮子”“米袋子”“钱袋子”，“十四五”规划和2035年远景目标纲要里关注的这些“关键小事”，释放出的是浓浓的民生暖意。

如果从指标数量看，“十四五”时期经济社会发展主要指标设置了五大类20个，虽与“十三五”规划相比整体有所瘦身，但民生指标的比重却有所加强，其中直接关系民生福祉的指标有7项，占比超过三分之一。

民之所望，施政所向。上述7项民生指标中，“城镇调查失业率控制在5.5%以内”“每千人口拥有执业（助理）医师数达3.2人”“每千人口拥有3岁以下婴幼儿托位数达4.5个”等为本次五年规划新增的3项指标，它们分别对应着就业、医疗、幼教等老百姓十分关注的民生领域，体现了党和政府把改善民生福祉放在更加突出位置的发展导向。

改善民生不是暂时性的政策安排，而是中国发展一以贯之的本质要求。从“十二五”到“十三五”，再到“十四五”新征程，持续增进民生福祉的步伐从未停止过。

就业是最大的民生。“十四五”时期，我国将从扩大就业容量、提升就业质量入手，着力缓解结构性就业矛盾，形成更加充分更高质量的就业格局；

收入是民生之源。坚持居民收入增长和经济增长基本同步、劳动报酬提高和劳动生产率提高基本同步，持续提高低收入群体收入，扩大中等收入群体，更加积极有为地促进共同富裕；

社会保障是民生的安全网。在建成全球最大规模社会保障体系的基础上，紧扣发展中不平衡不充分问题，更加注重用改革的办法完善社会保险制度，织就更加严密的民生保障网；

……

一方面着力解决好民生的堵点、难点、痛点问题；一方面顺应人民群众对高品质生活的期待，促进人的全面发展。用群众满满的获得感、幸福感、安全感，兑现“民生福祉达到新水平”的庄严承诺。

民生指标有温度，更有硬度。在落实民生指标的过程中，我们要尽力而为，努力解决好人民群众在民生方面的操心事、烦心事、揪心事，当然也要强调量力而行，注意民生改善的可持续性，让发展成果更多更好地惠及全体人民。

规划专家们常说“理念优于制度，制度优于技术”，意思是说只有在先进的理念指导下才能设计出合理的制度安排，只有在合理的制度安排下，优良的技术方案才能发挥好的作用。坚持新发展理念，坚持人民至上，从“十四五”规划和2035年远景目标纲要一系列民生指标及细化任务里，我们看到了美好未来，也读出了发展信心。

（刊发于2021年3月19日时评版）

中国率先批准 RCEP 意味着什么

作为全球范围最广、体量最大的自由贸易协定,《区域全面经济伙伴关系协定》(RCEP)签署 3 个多月来,其一举一动都牵动着人们的神经。

有人说,RCEP 是中华人民共和国历史上仅次于“改革开放”“加入 WTO”的重大经济事件,标志着世界贸易格局开启了重塑之路。这样的判断是有依据的——RCEP 覆盖 15 个国家,总人口超过 22 亿,人口、GDP 总量、贸易额都超过了全球的三成,它对区域经济的影响程度将全面超过美国、加拿大与墨西哥组成的北美自由贸易区以及欧洲关税同盟。

正因为此,RCEP 谈判自 2012 年启动以来,一直持续了 8 年。而中国率先完成对 RCEP 协定的核准并予以批准,再次向外界表明了中国加快推动 RCEP 落地生效的决心。商务部有关负责人还明确表示,目前协定中涉及中方的 701 条约束性义务,已有 613 条完成实施准备,占全部义务的 87%,剩余条目在协定实施前也会准备到位,中国能够在协定生效时全面履行协定义务。

除中国外,泰国也已批准了这份协定,RCEP 其他成员国也都表示,将在今年年底前批准协定。如不出所料,明年元旦协定生效后,中国消费者们将享用到更多来自 RCEP 成员国价廉物美的水果、衣物、电子产品等，这确实是个好消息。

中国率先批准 RCEP 协定，体现出清晰的政策倾向性。如果回顾一下过去 5 年我国对外贸易的发展历程，可以看到中国贸易伙伴的显著变化。欧盟、美国都曾是中国第一大贸易伙伴，但就在去年，东盟正式取代欧盟、美国，一跃成为中国最大贸易伙伴。从贸易比重看，目前中国与东盟的贸易规模已占到中国外贸总额的 15%，如果把它们的经贸往来放在 RCEP 这个约占全球 30% 的大市场下考量，未来中国与东盟的贸易增长仍具有持续而稳健的市场支撑。

中国率先批准 RCEP 协定，有利于稳定市场预期。尽管 RCEP 历经28轮谈判、时间跨度长达8年，但对于绝大多数市场主体而言，RCEP 仍是个充满陌生感的新事物。中国率先批准 RCEP 协定，为广大市场主体熟悉原产地累积规则、原产地证书申领程序等新内容，最大限度地用好用足国际贸易新规则，提供了技术准备和宝贵的时间窗口。同时，这也为各地进一步对照 RCEP 新标准，深化开放型经济体制改革，打造便利化营商环境，提供了路线图。

中国率先批准 RCEP 协定，意味着中国离更高水平的贸易开放更进了一步。随着 RCEP 渐行渐近，我国 1/3 的对外贸易将实现自由化，这有利于在促进进口多元化的基础上进一步激发进口潜力、优化进口结构，也有利于稳定我国对于 RCEP 区域内各国的出口，给广大外贸企业带来更多的发展机遇。当然，RCEP 成果在惠及国内企业和民众的同时，中国高质量发展的红利也将在 RCEP 区域内得到有效释放，为整个区域的经济发展注入活力。

历史总是惊人的相似，但绝不是简单的重复。20 年前，中国以加入 WTO 为契机，进入了全球产业链的分工协作之中；20 年后的今天，中国正以全新的姿态，站上了对外开放的新起点。顺应开放合作的时代大势，凝聚成员国之间的意愿共识，未来 RCEP 必将谱写出区域合作发展的新篇章。事实终将证明：自由贸易、合作共赢，才是历史的正确方向。

（刊发于 2021 年 3 月 26 日时评版）

区域协调发展的关键“落子”

“湖广熟，天下足”“中部畅，全国通”，在我国区域经济版图上，中部地区是至关重要的一块。3月30日，中共中央政治局召开会议，审议《关于新时代推动中部地区高质量发展的指导意见》，引发外界广泛关注。

近年来，社会各方对区域发展的关注度持续升温，从京津冀协同发展到粤港澳大湾区启航，从长三角一体化到成渝地区双城经济圈破题，区域经济发展的热点、亮点高潮迭起。不过，与上述区域相比，中部崛起的“动静”似乎不大，有研究者甚至直言：中部地区崛起势头虽猛，但一直是承接经济梯度转移的配角，在区域发展的赛道上始终是个跟跑者。

姑且不论是配角还是跟跑者，中部地区留给外界的印象，确实与其地位存在一定差距。从区域位置看，中部地区包括山西、安徽、江西、河南、湖北、湖南6省，地理空间上承东启西、连南接北，以10.7%的国土面积承载了全国28.1%的人口；从发展条件看，中部地区资源丰富、交通发达，不仅产业基础较好，而且文化底蕴深厚，具有很大的发展潜力。不夸张地说，中部地区发展的质量如何，直接关系到我国经济社会高质量发展的成色。

党中央、国务院历来重视中部地区的发展。以2006年4月

《中共中央国务院关于促进中部地区崛起的若干意见》颁布为标志，“中部崛起”正式上升为国家战略。此后，有关部门先后出台了《促进中部地区崛起规划（2009—2015年）》《促进中部地区崛起“十三五”规划》等重要文件，为中部地区崛起指明了方向、提供了路线图。特别是在2019年5月，习近平总书记主持召开了推动中部地区崛起工作座谈会，明确提出推动中部地区崛起再上新台阶。

中央政治局会议聚焦中部崛起战略，充分肯定了中部地区经济社会发展取得的重大成就，明确提出要推动中部地区加快崛起，在全面建设社会主义现代化国家新征程中作出更大贡献。这意味着，中部地区要在巩固粮食生产基地、能源原材料基地、装备制造及高技术产业基地和综合交通运输枢纽地位的基础上，坚持创新引领、开放发展，通过深化改革找准定位、发挥优势，推动实现中部地区绿色崛起。

事实上，随着我国经济步入高质量发展新阶段，中部地区的发展优势正进一步凸显，尤其是多个国家重大战略的叠加，对中部地区加快发展形成了有力支撑。比如，安徽、江西、湖北、湖南均进入了长江经济带发展战略，安徽还被纳入了长三角一体化发展战略，河南、山西则是黄河流域生态保护和高质量发展战略的重要组成部分。此外，“推动长江中游城市群协同发展，加快武汉、长株潭都市圈建设，打造全国重要增长极”也写入了“十四五”规划和2035年远景目标纲要。

当前，推动中部地区高质量发展的条件已具备，但中部地区实现全面崛起并非一时一事，需要放在区域协调发展全国“一盘棋”下进行考量，既谋一域落子，更谋全盘布局。一方面，要充分发挥中部地区制造业优势，夯实实体经济根基，提高关键领域自主创新能力；另一方面，要加强中部地区与长三角、珠三角等地区产业链、供应链、创新链、人才链的合作对接，高效承接传统产业的有序转移和新兴产业的战略布局，打造一批产业集中度高、竞争力强的制造业集群。

不仅如此，中部地区还要加强与其他区域板块之间的交流合作，加大与京津冀、粤港澳、长三角、成渝等城市群的良性互动，充分发挥其要素资源在国内大循环和国内国际双循环中顺畅流动的独特优势，让中部地区在服务构建新发展格局的使命担当中，贡献更多“中部作为”。

（刊发于 2021 年 4 月 2 日时评版）

钢铁去产能为何重返风口浪尖

日前，国家发展改革委、工信部联合召开会议，部署今年钢铁去产能“回头看”、粗钢产量压减工作。一时间，渐渐淡出人们视野的钢铁去产能，又重返舆论的风口浪尖。

钢铁是制造业的基础材料，其产能变化对整个制造业的运行成本、盈利能力等有较大影响，因此备受市场关注。在中央深化钢铁行业供给侧结构性改革的决策部署下，钢铁去产能工作于 2016 年全面启动，近年来行业运行和结构调整呈现良好态势，不仅企业经营效益好转，市场秩序持续改善，而且提前两年完成“十三五”时期钢铁行业去产能 1.5 亿吨目标，累计退出“僵尸企业”粗钢产能 6474 万吨。

不过，钢铁去产能在取得明显成效的同时，一些深层次矛盾仍未得到根本解决，且随着钢铁行业效益明显好转，部分地方和企业重燃钢铁项目建设冲动，巩固去产能成果面临着新的挑战。国家统计局数据显示，今年前两个月，全国生铁、粗钢、钢材产量分别为 14475.2 万吨、17498.9 万吨和 20952.6 万吨，分别同比增长 6.4%、12.9% 和 23.6%。

事实上，自去年下半年以来，全国钢铁产量就呈现出持续增长态势。究其原因，既有国内复工复产步伐加快，经济增长带动需求增加的因素，也有“十三五”时期在钢铁去产能要求下，行业新建或技改后冶炼装备生产效率更高的原因，再叠加行业整体扭亏、未来市场预期向好，客观上加剧了国内粗钢产量的快速增长。

表面上看，是市场需求推高了钢铁产量，但实质是部分钢铁企业对市场利润的盲目追求所致。这不仅与国家确定的“2021 年钢铁产能、产量双下降”目标背道而驰，也给行业发展带来了新一轮供需失衡风险。从这个意义上讲，去产能“回头看”、压减粗钢产量等举措，既是巩固提升钢铁去产能成果的有力措施，也是继续推进钢铁行业供给侧结构性改革的必然要求，体现了国家对于深化钢铁行业供给侧结构性改革的决心。

当前，我国经济社会已进入新发展阶段，在新发展理念指引下，环境容量、能耗效率、土地、能源等制约性要求明显增多，现有条件已无法继续支撑钢铁行业进一步扩大生产规模。特别是在努力实现碳达峰、碳中和目标的大背景下，“十四五”时期钢铁行业深化供给侧结构性改革也将进入新阶段，节能降碳既是钢铁行业可持续发展的新要求、新内容，也给行业转型升级带来了新机遇、新空间。

要指出的是，钢铁行业是我国制造业碳排放的重点行业之一，其碳排放总量与钢铁产量存在显著相关性，而且钢铁产量的基数大，控制钢铁产量特别是低附加值的粗钢产量，对全社会实现碳达峰、碳中和目标至关重要，也有利于重新平衡钢铁产业链利润分配。要充分发挥好去产能“回头看”、压减粗钢产能等“有形之手”的作用，一方面对可能出现的市场供需失衡进行及时干预，另一方面也有效推动钢铁行业绿色低碳转型，在“减碳”中实现高质量发展。

当然，在钢铁去产能“回头看”和压减粗钢产量的过程中，要充分吸收“十三五”时期钢铁去产能的经验做法，在强调市场化、法治化的基础上，加强分类施策、精准发力，避免“一刀切”，合力推动钢铁去产能、粗钢产量压减与全行业高质量发展同步前行。

（刊发于 2021 年 4 月 9 日时评版）

创新发展破解外贸“近忧远虑”

俗话说，人无远虑，必有近忧。对于中国外贸而言，也是这个道理。

过去的一年，中国外贸经历了过山车般的跌宕起伏，遭遇的困难可谓前所未有。得益于中央及时出手稳外贸，再加上各方协力保订单、外贸企业的自身努力，中国外贸实现了逆势增长，收获了“全球主要经济体中货物贸易唯一的正增长”，创下了进出口规模和国际市场份额两个历史新纪录。

成绩超出市场预期，担忧声也随之而来。比如，在新冠肺炎疫情全球大流行之下，中国外贸“量稳质升”的态势能不能延续？再如，随着海外产业链供应链的逐步恢复，中国外贸的替代效应减弱，该去哪里寻找新机会？

本周，一季度外贸进出口数据正式发布，29.2% 的增速与此前市场机构预测基本一致。总体看，一季度外贸延续了去年下半年以来稳中有进的良好势头，且季度环比降幅为近 5 年来最小，一定程度上表明当前我国外贸运行依然较为稳健。

大多数市场人士认为，进入二季度后，随着全球经济初步回暖，在疫情仍面临不确定不稳定因素的情况下，我国产业链供应链优先恢复的优势有望继续保持，再加上我国外贸本身具备的较强韧性，以及国内市场需求的恢复性增长，上半年我国外贸仍将保持较快增长。

对于下半年外贸走势，目前看还存在很大不确定性。如果全球疫苗接种速度加快，带动世界经贸活动趋向常态，那么全球供应链就有望逐步恢复，这或将导致我国出口的国际市场份额出现回落，同时外贸增速也会因去年同期的高基数大幅回调。

当然，我们不必过分在意技术性因素导致的增速下滑，但我国外贸的高质量发展仍离不开一定的增速支撑，无论是对外贸结构的调整优化，还是对外贸新业态新模式的培育创新，都需要全行业迎难而上、积极应对，既要稳住外贸基本盘，又要努力谋求更大的发展空间。

今年是我国开启全面建设社会主义现代化国家新征程的第一年，也是实施“十四五”规划的开局之年，外贸开好头、起好步，对于未来 5 年甚至更长一段时间我国经济高质量发展，具有举足轻重的作用。近日闭幕的 2021 年全国外贸工作会议提出，要紧紧扭住构建新发展格局这个“纲”，更好发挥外贸畅通要素流动的载体作用、创新发展的带动作用和畅通双循环的桥梁作用，这也正是新时期我国外贸发展的新定位、新使命。

外贸发展的新定位、新使命，不仅体现了我国新发展理念的内在要求，而且在本质上与外贸高质量发展的要求一脉相承。当前，准确把握外贸发展新定位、新使命，一方面要不断增强我国外贸进出口的内生动力，另一方面要通过外贸高质量发展来促进双循环，链接起国内、国际两个市场，为把经济增长主动权牢牢掌握在自己手里增添砝码。

以科技创新挖掘潜力，以制度创新激发活力，以模式和业态创新增添动力，是推进贸易创新发展的题中应有之义，也是应对复杂多变外部环境的客观要求。此前，国务院办公厅印发了《关于推进对外贸易创新发展的实施意见》，从创新开拓方式、发挥比较优势、创新要素投入、创新服务渠道、创新业态模式等九个方面，为我国外贸创新发展明确了路线图。

在强调外贸创新发展的同时，也要用好用足已出台的政策举措，特别是利用好广交会、进博会、服贸会以及自由贸易区、综合保税区等对外开放平台，既要稳存量也要拓增量，不断夯实外贸回稳向好的基础，提升其更好服务构建新发展格局的能力。

（刊发于 2021 年 4 月 16 日时评版）

基本公共服务均等化绝非平均化

这些天，“300万人口以下城市全面取消落户限制”的消息上了热搜。限制虽取消，顾虑却没减少：人口流入会不会拉低城市社会保障含金量，让基本公共服务变得成色不足？

这样的担忧确实难免。近年来，上学难、就医难、养老难等“城市病”有了很大缓解，但仍离群众期待有一定距离，人口快速增长、面积持续扩张，可基本公共服务却难以同步跟上，成了很多城市发展的痛点和堵点。

一方面，享有基本公共服务是公民的基本权利，保障人人享有基本公共服务是政府的重要职责；另一方面，基本公共服务供给不足、质量不高，已成为制约城市高质量发展的短板。在此背景下，制定并实施《国家基本公共服务标准（2021版）》，不仅是我国保障和改善民生的一次重大制度创新，更是健全基本公共服务体系、推动基本公共服务均等化的关键一步，将为“到2035年基本公共服务均等化基本实现”夯实基础。

事实上，这并不是第一份国家层面的基本公共服务标准，此前我国曾出台《“十三五”国家基本公共服务清单》以及公共卫生、基础教育等细分领域公共服务标准。与它们不同的是，《国家基本公共服务标准（2021版）》首次将各个领域的基本公共服务系统梳理并集中公布，涵盖了公民个体从出生到死亡的全过程，让国家基本公共服务有据可依，更加规范化、透明化。

国家基本公共服务标准是全国层面的基础标准，属于政策性标准的范畴，与通常意义上的技术性标准存在一定差异。换言之，这个标准是基于国家经济社会发展水平、财政保障能力而确定的最低要求，是基本公共服务提供者需要做到的下限要求，也是基本公共服务享有者应享受到的权利清单。

国家基本公共服务虽然是兜底标准，但各地发展水平参差不齐的国情，给基本公共服务的公平实现带来了一定难度。比如，东部地区外来人口的加剧流入，让基本公共服务实现难度倍增，而西部欠发达地区特别是边远农村地区面临“空心化”问题，人口大量外流导致基本公共服务设施闲置，产生了严重的资源浪费现象。如何既能兜住民生保障底线，又能妥善处理好财政承受能力可持续问题，成为各地政府必须面对的新课题。

《国家基本公共服务标准（2021 版）》在制定过程中，已充分考虑到我国基本国情，明确了“两要”“两不要”的基线，即既要坚持尽力而为，着力保障和改善民生，又要坚持量力而行，合理引导社会预期；既不能吊高胃口、盲目攀比，给地方财政造成较大压力，也不能主观上压低标准，影响政策对实践的指导作用。在近日举行的国新办新闻发布会上，国家发展改革委有关负责人专门对此作出回应，强调基本公共服务项目将遵循“应有尽有”“承诺必达”两大基本原则，对公民应享有的基本公共服务项目实现全覆盖、不漏项，对所列项目的落实到位作出硬承诺。

从长远看，以标准化推动基本公共服务均等化，是在满足人民群众基本生活需要与国家财政保障能力之间寻找最佳平衡点的过程。

但要强调的是，以标准化推动基本公共服务均等化，目的在于让全体公民能公平可及地获得大致均等的基本公共服务，其核心在于促进机会均等，而不是简单的平均化。

考虑到基本公共服务涉及经济社会发展方方面面，制定并实施国家基本公共服务标准，也是解决发展不平衡不充分问题、满足人民美好生活需要的重要手段。特别是随着经济社会的发展、国家财力变化以及人民对美好生活需要的改变，基本公共服务标准也随之调整，以确保把有限的财力用到人民群众最关心的领域和环节，不断提升其获得感、幸福感和安全感。

（刊发于 2021 年 4 月 23 日时评版）

要让生态产品“有利可图”

俗话说“绿水青山金不换”，但“捧着金饭碗讨饭吃”的现实，让不少地方颇感无奈。多年来，生态产品“难度量、难抵押、难交易、难变现”的现象普遍存在，亟须打通“绿水青山”与“金山银山”之间的转化通道。

党中央高度重视生态产品的价值实现问题。习近平总书记在2018年深入推动长江经济带发展座谈会、2020年全面推动长江经济带发展座谈会等多个场合均强调，要积极探索推广绿水青山转化为金山银山的路径，加快建立生态产品价值实现机制，让保护修复生态环境获得合理回报，让破坏生态环境者付出相应代价。近5年来，我国先后在福建、海南等地启动生态产品价值实现先行区、试验区建设，在贵州、浙江、江西、青海四省开展生态产品市场化先行试点工作，多维度探索生态产品价值实现的机制与路径。

良好的生态会产生无穷的经济价值和综合效益。在系统总结试点经验的基础上，中办、国办日前印发《关于建立健全生态产品价值实现机制的意见》（以下简称《意见》），从破解“两山”转化的深层次体制机制障碍入手，通过建立生态环境保护者受益、使用者付费、破坏者赔偿的利益导向机制，引导和倒逼形成绿色发展方式、生产方式和生活方式。这是“绿水青山就是金山银山”理念提出15

年来，中央首个将“两山”理论落实到制度及实操层面的纲领性文件，可谓意义深远。

生态产品具有公共物品属性，生态产品的提供长期以来主要靠政府投入。同时，生态也是重要的生产要素，在推动生态产业化、产业生态化方面发挥着“指挥棒”“风向标”作用。从这个意义上看，建立健全生态产品价值实现机制，不仅是促进人与自然和谐共生的重要举措、践行“绿水青山就是金山银山”理念的关键路径，也是推动生态环保领域国家治理体系和治理能力现代化的必然要求。

《意见》从建立生态产品调查监测机制、价值评价机制，健全生态产品经营开发机制、保护补偿机制、价值实现保障机制、价值实现推进机制等六个方面，对推动生态产品价值实现进行了全方位部署，助力生态成为支撑经济发展的不竭动力。

当然，生态产品价值实现本身也是一个新事物，在推动其落地实施过程中，要统筹处理好经济发展与生态保护的关系。有人担忧，生态产品转化为经济效益后，会不会带来对生态资源的过度索取，继而破坏了生态环境。这样的顾虑没有必要。生态产品的价值实现本质上是一种新的发展模式，在这一模式下，绿水青山是生态产品价值实现的前提和基础，没有良好的生态，生态产品供给就无从谈起，更谈不上生态产品的价值实现了。换言之，生态产品的价值实现，就是要让生态保护变得“有利可图”，通过对绿水青山经济价值的合理挖掘，推动经济社会实现可持续发展。

推动生态产品价值实现，还要充分调动全社会的积极性，形成政府主导和市场运作的双轮驱动。一方面，要发挥政府作为生态产品供给主体的作用，通过转移支付、生态补偿等手段推动生态产品的价值实现；另一方面，要积极发挥市场在资源配置中的决定性作用，通过引入市场化手段，不断提高生态产品价值实现的效率和效果。需要强调的是，推动生态产品价值实现要注重正向激励与反向惩戒相结合，积极引导各方从“要我保护”转向“我要保护”的良性轨道上来。在这个过程中，我们都是参与者、建设者和受益者，没有旁观者。

（刊发于 2021 年 4 月 30 日时评版）

为“买买买”营造良好消费氛围

在线旅游平台“去哪儿”数据显示，平台“五一”假期人均出游时间达4.18天，超过2019年3.83天、2020年4.06天，而人均1713元的花销也创下近年“五一”假期新高。

文化和旅游部数据中心测算，“五一”假期全国国内旅游出游2.3亿人次，按可比口径恢复至疫情前同期的103.2%；实现国内旅游收入1132.3亿元，按可比口径恢复至疫情前同期的77.0%。

这只是今年全国消费促进月的一个开始，接踵而来的还有第三届全国“双品网购节”“中华美食荟”“老字号嘉年华”以及各地1300多场各具特色的促消费活动，尤其是5月6日开幕的首届中国国际消费品博览会，更是给红红火火的消费月抹了一笔重彩。

作为持续多年拉动中国经济增长的“第一引擎”，消费再怎么强调都不为过。特别是在加快形成以国内大循环为主体、国内国际双循环相互促进的新发展格局下，释放消费潜力，提升消费质量，促进消费市场加快复苏，是当前及今后一段时期发挥消费“压舱石”作用的关键所在。

受新冠肺炎疫情影响，2020年全年最终消费支出向下拉动GDP 0.5个百分点。随着疫情防控取得重大战略成果，我国消费市场逐步复苏，消费对经济增长的拉动作用呈逐季回升态势。今年以来，我国消费市场回暖势头强劲。一季度我国社会消费品零售总额 10.52 万亿元，同比增长 33.9%，比 2019 年同期增长 8.5%，比去年四季度增长了 1.86%。

需要指出的是，如果消除去年基数影响，一季度我国社会消费品零售总额两年平均增速只有 4.2%，仍低于疫情前的平均增速。这表明，新冠肺炎疫情冲击下的消费仍未恢复到常态化水平，推动消费增长仍须继续努力。不过，3 月份消费数据的变化，传递出我国消费走向边际好转的积极信号。当月，社会消费品零售总额同比增长 34.2%，比 2019 年同期增长 12.9%，增速比 1 月、2 月分别加快 0.4 个和 6.5 个百分点。

当前，影响我国消费增长的因素很多，但消费需求不足是其根本原因之一，而消费需求不足的背后，主要还是消费能力跟不上。国际上，消费率是衡量消费能力的重要指标之一，通过比较居民消费支出占 GDP 的比重，一定程度上反映出居民消费能力的高低。有研究机构对中国过去 10 年消费率数据比较发现，无论是与发达国家相比还是与发展中国家相比，我国的居民消费率都低于相关国家，但也是唯一的消费率连续 10 年保持增长的国家。

尽管消费率在提高，但我国依然是世界上储蓄率最高的国家之一。并不是中国人天生爱储蓄，只是教育、住房、医疗、养老等方面的支出预期，让大多数家庭不敢轻易放手消费。说到底，要打开消费需求不足的结扣，一方面需要继续深化收入分配制度改革，不断提升居民特别是中低收入群体的购买力；另一方面，要建立健全基本公共服务体系，为人民群众解除后顾之忧。令人欣慰的是，《国家基本公共服务标准（2021 版）》近日已正式印发，老百姓享受基本公共服务将有据可依，有了兜底的保障，有助于提振消费信心、释放消费潜力。

有效供给的不足，也是影响我国消费恢复增长的重要原因。疫情之下，老百姓的消费理念、消费需求、消费方式等都发生了不同程度的变化，催生了一大批消费新业态新模式。对此，要在继续做大做强传统消费的同时，加强统筹协调和政策联动，推动线上线下消费加速融合、传统消费和新型消费协同共进；要强化从供给端持续发力，用创新提升有效供给的能力和水平，加大在重点消费领域的投资力度。同时，还要为“买买买”营造良好的消费氛围，及时回应消费者关切的新问题新情况，为消费扩容提质提供有力支撑。

（刊发于 2021 年 5 月 7 日时评版）

老字号赶“国潮”重在出新

62 岁的奶糖“大白兔”，正以其出圈的香水、沐浴露、唇膏等衍生品，不断刷新着消费者对这家老字号的认知。“大白兔”频频跨界的品牌新形象，接连出现在近日举办的首届中国国际消费品博览会和中国自主品牌博览会上。

这一次，不是“大白兔”牌香水的首度亮相。早在 2019 年，一些跨界网红产品就曾在多个电商平台上卖到断货，市场反馈颇为不错。不仅如此，“RIO 锐澳六神花露水”风味鸡尾酒、“泸州老窖顽味”香水、“农夫山泉”面膜等跨界产品的推出，都引发市场广泛关注。

有统计显示，仅 2019 年涌现出的“国潮”品牌就有数百家之多。正因如此，市场人士把 2019 年称为新消费领域“国潮”品牌的元年。突如其来的新冠肺炎疫情，在一定程度上加速了国货品牌崛起，特别是在加快构建以国内大循环为主体、国内国际双循环相互促进的新发展格局下，被赋予更多时代使命的国货品牌，正大步走向台前。

国货品牌需要崛起，但品牌延伸学问大。消费者是否买账“大白兔”卖香水的跨界方式，市场上有两种截然不同的声音——

乐观者说，中国经济增长已成功实现换轨，消费连续 7 年成为中国经济第一引擎，中国完备而强大的产业链供应链体系，足以支撑“中国制造”以品质立市，中国自主品牌强势崛起水到渠成。同时，随着经济社会发展进步，中国消费者已从简单的大牌崇拜走向理性成熟的品牌选择。国货品牌发展正当其时。

悲观者说，“国潮”兴起的背后，无非还是砸钱拼营销、网红聚人气的市场套路。在大规模投资融资所制造的“风口”下，一个个所谓爆款产品，其实并没有真实的市场需求和用户忠诚作支撑，当好奇心的潮水退却之后，这些网红衍生品究竟能走多远，还要打一个大大的问号。

对于“国潮”品牌的命运，现在作判断还为时过早。一个基本事实是，“国潮”品牌作为新生力量，正悄然改变着用户习惯和消费体验，搅动市场的一池春水。一方面，“国潮”被认可表明国货品质已大幅提升，这也是文化自信不断提升的表现；另一方面，“国潮”消费里凝结了浓浓的怀旧情结，延续着对传统国货品牌的信赖。这意味着，如果“国潮”品牌不能与时俱进、持续创新，它们或许难逃昙花一现的结局。

从老字号走向“国潮”品牌，不是简单地换个“马甲”、贴个新标签，而是走上一条充满挑战和抢抓机遇的路。在这个过程中，只有坚持实体为本、创新为核，才能让情怀落地、创意变现。欣慰的是，支持国货创新目前已成为各界共识，特别是在各地开展的全国消费促进月系列活动中，一批国货精品推陈出新，拥抱“云端”，开启数字化转型，在年轻人中“圈粉”无数。与此同时，一批平台企业也积极参与到国货品牌塑造过程中，掀起一场全民参与的“国潮”互动盛宴。

可以预见，在各方共同努力下，国货品牌的创新之路将越走越宽。在这个过程中，国货品牌要想持久地“潮”下去，就要尽快走出老字号的“舒适区”，无论外部环境如何变化，只要坚守品质、坚持创新，就一定能收获中国品牌的星辰大海。

（刊发于 2021 年 5 月 14 日时评版）

消除营商环境评价“灰色地带”

评价“榜单”漫天飞，动辄冠以“国家”“中国”名头，或假以“权威”“官方”的字眼，以所谓的得分排名，误导社会公众，甚至借机搞培训、收取参会费……针对营商环境评价领域的种种乱象，国家发展改革委日前表示，将与有关方面共同重拳出击，坚决斩断营商环境评价背后的“利益链条”，严格规范营商环境评价行为，促进评价回归本源。

地方重视营商环境评价，期望在评价“榜单”上位次靠前一点，心情可以理解。毕竟，营商环境是市场主体赖以生存和发展的土壤，土质好不好、地力足不足，直接影响到经济发展的成色。事实上，营商环境已成为衡量一地乃至整个国家发展竞争力的重要指标之一。

对营商环境作出科学准确的评价，确有必要。建立符合中国实际的营商环境评价制度，是我国《优化营商环境条例》作出的一项制度性安排，其根本目的在于充分发挥评价对优化营商环境的引领和督促作用，指导并帮助相关城市掌握本地营商环境的总体水平、存在问题及改进方向等，为持续优化营商环境提供决策参考。

目前，有一部分营商环境评价是基于学术研究的层面，其采用的指标体系、评价方法、数据来源等与通行做法存在较大差异，主要用于学术交流和理论探讨。但还有很多评价“榜单”的意图显然不止于此，只要“好处费”“赞助费”到位，排名可以议价，结果可以“运作”。这种操作显然是对营商环境建设的损害。

对此，《优化营商环境条例》有明确要求，“开展营商环境评价，不得影响各地区、各部门正常工作，不得影响市场主体正常生产经营活动或者增加市场主体负担”“任何单位不得利用营商环境评价谋取利益”。国家发展改革委新闻发言人近日明确表态，国家发展改革委组织的营商环境评价坚持以评促改、以评促优，不设“排行榜”“奖牌榜”，更不会向任何城市、单位收取费用。

营商环境评价是一项科学而严肃的工作，绝不是随意揉捏的橡皮泥。一方面，要加强源头管理，对于没有得到国家认可、授权或仍处于学术研究阶段的营商环境评价，应注明其研究属性，规范文字表述，避免对社会公众和市场主体产生误导；另一方面，要加强监督处置，严格禁止借开展营商环境评价之名，向地方政府、市场主体等收取各种费用，消除营商环境评价中的“灰色地带”。

优良的营商环境是干出来的。当前，越来越多的地方意识到营商环境的重要性，在发展观念上也从过去的“比拼 GDP”转向如今的“比拼营商环境”，但营商环境建设是一项系统性工程，不仅需要抓铁有痕、踏石留印的十足干劲，更要有立足长远、久久为功的务实态度。当务之急是，继续以深化“放管服”改革为抓手，坚持问题导向补齐短板，持续推动营商环境优化提升。

需要指出的是，一个地方的营商环境究竟如何，市场主体是最有发言权的。其切身感受和真实口碑，才是对营商环境最客观、最公允的评价。

（刊发于 2021 年 5 月 21 日时评版）

顺势而为迎接“银发经济”

日前公布的第七次全国人口普查数据显示，我国60岁及以上人口的比重达18.70%，其中65岁及以上人口比重达13.50%。对照国际标准，当一个国家65岁及以上人口占比7%至14%为轻度老龄化，14%至20%为中度老龄化，21%至40%为重度老龄化。这从一个方面表明，我国已接近中度老龄化社会。

单纯从静态指标来考量中国的老龄化问题，无异于盲人摸象。事实上，中国老龄人口不仅规模全球最大、增速全球最快，而且不同程度地存在着未富先老、分布不均等特征，这都给中国应对人口老龄化带来了不确定因素，养老挑战更是亟待解决。

有专家指出，直到1994年《中国老龄工作七年发展纲要》发布，中国的养老服务体系才正式进入国家视野。但即便如此，当时的老龄政策也只是嵌入在经济发展之中，并未形成一个独立的政策体系。时至今日，人口老龄化已成为今后较长一段时期我国的基本国情。据研究机构测算，“十四五”期间，我国60岁及以上的人口将会超过3亿人，占比超过20%。到2030年，全球新增的60岁及以上老年人口有近三成将来自中国。此外，中国的人口老龄化还叠加着育龄妇女规模下降、生育率走低等因素，让人口老龄化应对之路更为曲折。

人口老龄化是我国未来一段时期面临的一个重要趋势，挑战与机遇并存。它对经济运行全领域、社会建设各环节、社会文化多方面乃至国家综合实力和国际竞争力，都具有深远影响。去年召开的党的十九届五中全会明确提出“实施积极应对人口老龄化的国家战略”，把应对人口老龄化作为当前和今后一个时期关系全局的重大战略任务进行统筹谋划、系统施策。“十四五”规划和2035年远景目标纲要也提出，健全基本养老服务体系，大力发展普惠型养老服务。

事实上，多年来我国在应对老龄化问题上进行了一系列探索。比如，2012年，我国发布了首个《养老机构基本规范》。2017年，几经修订的《养老机构服务质量基本规范》发布，成为养老机构服务质量管理的首个国家标准。但也要看到，养老服务体系领域的制度供给仍滞后于现实需求，构建一个符合我国发展实际又适度超前的养老服务体系，已迫在眉睫。

从国家层面看，养老服务体系建设应包含基本养老、养老服务、医养结合服务、政策支持、社会参与及精神文化满足等内容，各地可在城乡基本养老服务均等化的基础上，综合考虑当地社会发展水平和财政能力，进一步明确基本养老服务的保障内容。而在“十四五”期间，我国养老服务发展的方向可进一步向加快居家社区养老服务网络建设、增加养老服务供给、推动养老服务人才培养、提高适老化改造力度、加快医养结合发展等重点环节聚焦。

值得关注的是，随着我国城镇化进程加快，区域发展格局正发生显著变化，特别是各类城市群的崛起，正逐步改变人口迁移方向和劳动力空间布局，给应对人口老龄化提出了更高要求。比如，在推动基本养老服务与基本养老保险制度、基本医疗制度、长期护理保险衔接，增强制度集成性、协同性等方面还存在不少问题，它们事关广大老年群体的切身利益，迫切需要在统筹规划下优化资源配置，尽快破题。

当然，在看到人口老龄化对基本公共服务带来挑战的同时，也要看到“银发经济”所蕴含的新机会。面对不断加速的人口老龄化进程，能否顺势而为、应时而动，促进老年产业发展及相关服务消费增长，将是一道全新的必答题。对此，我们要全方位做好准备。

（刊发于 2021 年 5 月 28 日时评版）

夯实数字经济发展“底座”

近年来，大数据中心成了“香饽饽”，不少地方竞相投资建设，各种大数据中心如雨后春笋般涌现。截至2020年底，我国在用数据中心机架规模约500万架，近5年年均增速逾30%，是全球平均增速的2.3倍。

大数据中心受追捧，并非没有道理。在全社会数据总量爆发式增长的情况下，大数据中心作为数字经济的“底座”，不仅为各行业“上云用数赋智”提供了基础性支撑，也为数据这一新生产要素的自由流动创造了可能。

但也要看到，大数据中心“一哄而上”，可能带来产能过剩风险，而数据中心之间若不联通，还会造成有效数据处理能力不足。不仅如此，大数据中心自身绿色发展的问题，同样不容忽视。据统计，当前我国各类数据中心年用电量已占全社会用电的2%左右，耗电量增速连续多年保持在10%以上，以至于东部一些地区明确将数据中心定位为高耗能产业加以限制发展，而西部地区虽可再生能源丰富、气候适宜，但受限于网络带宽小、跨省传输成本高等瓶颈，难以有效承接东部需求，进一步加剧了市场供需的失衡。

在此背景下，国家发展改革委等四部门日前联合印发《全国一体化大数据中心协同创新体系算力枢纽实施方案》，对全国算力网络国家枢纽节点进行了整体布局，同时启动了“东数西算”工程，可谓既必要又及时。

事实上，在我国宣布碳达峰、碳中和目标的背景下，市场各方对一体化推动大数据中心协调发展的呼声渐高。一方面，亟须改进大数据中心的建设布局、发展模式，推动大数据中心向绿色高效、集约化发展转型；另一方面，要加快推动数据中心、云、网络之间的协同联动，避免形成数据中心“孤岛”效应，提高资源的整体利用率。上述实施方案的出台，可谓从国家层面为我国算力网络体系建设提供了“施工图”。

有市场观点认为，大数据中心兼具地产属性和 IT 属性，是“IT 中最像地产的，地产中最像 IT 的”。确实，一些地方存在借大数据中心之名圈地发展房地产的现象，但以此给大数据中心进行“画像”，显然是对大数据产业的一种误读。需要强调的是，大数据中心不应简单地被定义为数据的仓储空间，它还应具备数据加工和智能化分析的功能。换言之，大数据中心的建设，不仅要增加数据的存储能力，还要强化在算法、算力上的能力，推动大数据中心从“瓦特”向“比特”的转化。

这恰恰正是实施“东数西算”工程的目的所在。按照实施方案，依托京津冀、长三角、粤港澳大湾区、成渝城市群，以及贵州、内蒙古、甘肃、宁夏等全国算力网络枢纽节点，统筹规划大数据中心的建设布局，引导大数据中心适度集聚并形成数据中心集群，且在集群之间建立高速数据中心直联网络，最终形成以数据流为导向的新型算力网络格局。

从经济角度看，实施“东数西算”工程是实现国家利益最大化、技术经济最优化的必然选择。打个比方，就如同南水北调工程中的水、西电东输工程中的电，“东数西算”工程中的数据同样至关重要。当然，从大数据中心建设到数据要素跨域流通，不只是单纯的技术问题，更是实现产业聚集、区域均衡发展的重要路径。以实施“东数西算”工程为抓手，通过数据流引领带动资金流、人才流、技术流等，不仅有助于打通我国东西部数字经济的大动脉，也将为数字中国建设注入新动能。

（刊发于 2021 年 6 月 4 日时评版）

破解“猪周期”的重要之举

持续回落的猪肉价格，让消费者可以痛快地大口吃肉了，但也让不少生猪养殖户陷入了焦虑。尽管专家此前已对“猪周期”做了预警，但年初还赚得“盆满钵满”的生猪养殖业，如今不得不面对或将到来的新一轮“亏损周期”。

国家统计局发布的数据显示，5 月 CPI 同比上涨 1.3%，其中猪肉价格下降 23.8%，降幅比上月扩大 2.4 个百分点。据农业农村部统计，2 月 8 日，全国农产品批发市场的猪肉平均价格为 45.04 元 / 公斤；而 6 月 8 日，猪肉平均价格则为 24.31 元 / 公斤。4 个月的时间，猪肉价格跌去了近一半。

猪肉作为一种重要的民生商品，能否保障其市场供应和价格平稳，直接关系群众切身利益。与此同时，猪肉价格基本属于市场定价，难免有一些周期性的波动，但猪肉生产储存和加工销售的链条长、环节多、范围广，“小生产、大市场”的特征突出，在遭遇自然灾害、市场风险或突发事件时，猪肉价格很容易大起大落，继而引发供需两端的诸多问题。

对此，国家发展改革委等部门早在 2009 年就发布了《防止生猪价格过度下跌调控预案（暂行）》，此后又历经多次修订，于 2015 年形成了《缓解生猪市场价格周期性波动调控预案》。从实际情况看，相关预案对于促进生猪市场平稳运行、缓解价格周期性波动、保障居民猪肉消费等起到了积极作用。

然而，2018 年发生的非洲猪瘟疫情，对我国生猪生产及猪肉市场产生了严重的影响。此前政府部门在猪肉储备调节方面积累的一些经验做法，出现了部分失灵或作用减弱状况，亟须结合当前实际进行完善调整。结合近两年的实践探索，国家发展改革委等部门日前联合印发了《完善政府猪肉储备调节机制 做好猪肉市场保供稳价工作预案》，对于在猪肉储备调节方面更好发挥政府作用，提出了一系列更具针对性的举措。

与 2015 年预案相比，新预案对预警指标和区间、储备分类和规模、储备调节机制等核心内容进行了修改完善，对近年来政府“有形之手”经验做法予以机制化、制度化。

比如，新预案增加了两个重要指标：一是“能繁母猪存栏量变化率”，该指标作为一个先导性指标，可通过能繁母猪存栏的变化情况，对未来 8 个月到 10 个月后生猪产能的变化做出预警；二是“36 个大中城市精瘦肉平均零售价格”指标，该指标更加贴近消费者感受，在猪肉价格过度波动时做出预警和响应。此外，根据生猪养殖行业普遍认可的“猪粮比价”指标，在生猪价格过度下跌或上涨时，设置出不同层级的预警区间，为市场自发调整留出充足的空间。

值得关注的是，新预案针对政府猪肉储备的不同功能定位，分设了常规储备和临时储备，有望让储备调节机制更加灵活精准。与常规储备不同，临时储备充分借鉴了其他重要民生商品的做法，在生猪价格过度下跌、产能大幅下降时进行收储，以实现稳定生产预期、稳定产能的目标。临时储备的运用，使得猪肉储备的整体规模大幅提升，有助于增强对猪肉市场保供稳价的调控能力。

总体来看，新预案对生猪及猪肉价格坚持“调高”与“调低”并重，充分发挥政府猪肉储备调节作为关键抓手的重要作用，在价格过高时投放储备猪肉，在价格过低时启动临时储备。这既保障了居民消费需要，又可避免生猪产能的过度扩张或淘汰，有助于实现以供应稳保障价格稳、以价格稳促进供应稳。

当然，储备调节新机制能否真正发挥作用，还有待市场考验，但落实包括猪肉在内的重要民生商品保供稳价工作，是一场不可回避的硬仗，需要统筹运用经济、法律、行政等手段，在压实地方主体责任的基础上，真正形成上下联动、高效有力的调控合力，全力保障重要民生商品供应充足、价格稳定。

（刊发于 2021 年 6 月 11 日时评版）

推动经济在恢复中达到更高水平均衡

随着5月份主要宏观经济数据的公布，中国经济上半年总体趋势几成定局。与年初一些市场机构的预测相比，前5个月中国经济的表现更为从容稳健，不少关键指标超出了市场预期，这进一步验证了中央对于当前经济正处于“稳增长压力较小的窗口期”的判断。

从主要宏观数据看，当前中国经济“稳”的势头仍在延续——供求两端稳步增长、消费恢复平稳有序、投资增速稳定回升。5月份，出口、消费和投资均实现了同比两位数增长，为经济稳定恢复提供了有力支撑。

中国经济恢复态势虽总体向好，但要看到，增长不均衡的现象依然较为突出，特别是因去年同期低基数影响，一些宏观指标在数据上很好看，但与部分微观主体的实际感受存在较大差距，不少小微企业发展仍面临诸多困难。此外，全球疫情存在不确定性、国际形势复杂多变，使得世界经济的复苏前景仍存变数，也给我国经济发展带来了新情况新问题，对此应密切关注、积极应对。

首先，工业生产者出厂价格指数（PPI）涨幅会不会向居民消费价格指数（CPI）传导并引发通胀？今年以来，部分国际大宗商品价格大幅上涨，直接推高了PPI涨幅。5月份我国PPI上涨9%，创下近10年来新高。为遏制大宗商品价格不合理上涨势头，国务院常务会议连续三周关注大宗商品价格问题，相关部门加强监管联动、综合施策，为“高烧”的大宗商品市场降温。近期，有关部门已分批向有色金属加工制造企业投放铜、铝、锌等国家储备，相关市场波动也逐步趋向平稳。总体看，无论是市场供需关系还是财政货币政策条件，PPI 继续走高缺乏后市支撑，全年物价保持稳定仍是有基础有条件的。

其次，5 月份消费同比增速较上月回落 5.3 个百分点，是否意味着消费疲弱的态势仍未有效扭转？事实并非如此。5 月份迎来了“五一”5 天小长假，又恰逢全国消费促进月，各地消费呈现爆发式增长，之所以出现同比回调，主要是去年对比基数较高的原因。从两年平均增速来看，扣除基数效应的影响，5 月份消费两年平均增速为 4.5%，较上月上升了 0.2 个百分点，这表明消费市场总体仍在逐步回升。随着疫情在国内得到有效控制，疫苗接种率持续提升，预计未来消费仍有较大复苏空间。不过，消费是一个较缓慢变量，一方面要持续深化供给侧结构性改革，不断优化扩大供给，另一方面要推动扩内需、促消费等政策措施落地见效，真正发挥出消费“第一引擎”的作用。

再次，前 5 个月制造业投资两年平均增速由负转正，能否作为投资加快修复的信号？从一季度制造业产能利用率创历史同期新高、制造业企业利润保持较快增长等指标看，今年我国制造业投资持续回升的基础正不断稳固。随着碳达峰、碳中和细化政策的加快落地，制造业企业投资信心进一步增强，尤其是高技术制造业投资持续领跑，为投资整体恢复注入了新动能。需要指出的是，同为扩大内需重要抓手的民间投资也实现了稳步恢复，在共同作用之下，投资修复动能正逐渐由政策驱动转换为内生动力，投资对优化供给结构的关键性作用有望更好发挥。

当前，中国经济长期向好的基本面没有变化，在持续推进双循环、构建新发展格局的背景下，中国经济未来仍将保持较好的发展态势。但也要看到，经济恢复不均衡、基础不牢固的问题依然较为突出。当务之急是要用好稳增长压力较小的窗口期，努力把经济运行保持在合理区间，使中国经济在恢复中达到更高水平均衡。

（刊发于 2021 年 6 月 18 日时评版）

价格指数这个“信号灯”理应校准

近年来，由不同机构编制发布的各类价格指数，已成为商品市场交易定价的重要参考，对于促进价格合理形成、提高价格透明度，进而服务实体经济发展发挥了积极作用。据不完全统计，目前由国内外不同机构编制发布的中国重要商品和服务价格指数超过 130 个。

不过，这些涉及 20 多个不同行业门类的价格指数，编制发布机构五花八门，总体上呈现“散乱小”状态。以钢铁为例，由不同主体编制发布的钢材价格指数超过 10 种，但真正能合理引导国内市场价格形成、对国际市场有影响力的指数却少有。而且，一部分价格指数的编制发布科学性差、随意性大，指数“样本少、代表性不强、快涨慢跌”等问题长期被业内诟病。还有一些价格指数的编制方为相关市场的利益关联方，这也导致了人为操纵价格走势的现象时有发生。

在此背景下，国家发展改革委《重要商品和服务价格指数行为管理办法（试行）》的发布，正当其时又十分必要。市场普遍认为，通过管理办法的实施，淘汰、规范一批质量不高、市场认可度低的价格指数，让市场信誉度好、影响力强的价格指数脱颖而出，有助于稳定市场预期和价格波动，促进国民经济平稳运行。

不过，也有人提出疑问：随着价格市场化改革不断向纵深推进，绝大多数商品和服务价格已由市场形成。管理办法的出台，会不会让政府“有形之手”伸得过长，导致市场形成价格的机制“局部失灵”？

这样的担忧是没有必要的。作为经济体制改革的关键环节之一，价格市场化改革的核心在于完善主要由市场决定价格的机制。事实上，放开价格不等于放任不管，当市场价格难以有效形成或出现异常波动时，政府及时伸出“有形之手”，有助于实现“有效市场”和“有为政府”的统一。从这个意义上看，规范价格指数行为既是引导市场价格合理形成的客观需要，也是促进价格指数市场公平竞争、健康有序发展的内在要求。

需要指出的是，对于价格指数的编制发布，政府部门采取的是包容和支持的态度，管理办法对价格指数行为主体并未设定准入门槛，各类市场主体均可以编制发布价格指数，无须通过申请、审核、备案等获取资格，这充分体现了有关部门以法治化推动价格指数规范化发展的导向，也与深化“放管服”改革方向相一致。

尽管进入价格指数市场不设门槛，但管理办法对编制发布主体所需能力提出了原则性要求，比如具备独立性，具有合法稳定的价格信息来源，具有必备的专业人员、设施、技能及组织架构等。管理办法还明确，对冠以“中国”“国家”等字样的全国性价格指数，需充分证明信息采集点在全国市场中的占比；价格指数应尽量使用已完成的交易价格，强调交易来自非关联方等，这些均为价格指数市场的规范运行提供了“防火墙”。

完整准确、真实可靠是价格指数的生命力。高质量的价格指数，不仅能更加充分体现市场在价格形成机制中的决定性作用，也是加强和改善价格调控的有效抓手，有助于更好地服务实体经济发展。

可以预见的是，随着价格指数编制逐步回归健康发展轨道，并适时建立相应校准机制，价格指数作为市场“信号灯”的作用才能得以更好发挥。

（刊发于 2021 年 6 月 25 日时评版）

为中小微企业纾困重在精准

国家统计局日前公布的工业企业利润数据显示，今年前5个月，我国规模以上工业企业效益延续了稳定恢复态势，但中小微企业的利润增速依然低于大中型企业，且差距有所拉大。

今年以来，我国中小微企业生产经营状况整体处于恢复通道之中，主要效益指标实现“两增一降”，即收入、利润增长，亏损下降。与此同时，新冠肺炎疫情发生后经济结构的重塑、传统消费的疲软以及新业态的凸显，也给中小微企业带来了更多挑战。特别是在原材料价格大涨、订单不足、资金紧张等多重困难下，中小微企业纾困发展仍需“扶上马送一程”。

小微活，就业旺，经济兴。中小微企业是我国数量最大、最活跃的市场主体，在繁荣经济、吸纳就业、改善民生、促进创新等方面发挥着不可替代的作用。从某种意义上看，保中小微企业，就是保就业、保民生；服务中小微企业，就是服务稳增长、服务新发展格局。

去年以来，面对新冠肺炎疫情的严重冲击，党中央、国务院采取了一系列普惠性纾困政策举措，一手做好税费、拖欠账款、融资成本“三道减法”，一手做好服务、数字化、融资规模“三道加法”，较好地完成了中央提出的“留得青山，赢得未来”的目标。截至 4 月末，全国小微企业总数超过 4400 万、个体工商户超过 9500 万，成为我国经济保持韧性、稳定就业的重要支撑。

但要看到，中小微企业大多处于产业链中下游，议价能力不强，对于原材料价格上涨的成本压力的传导和消化能力较弱，易受到较大影响。今年以来，部分大宗商品价格快速上涨，不仅挤压了中小微企业的利润空间，更直接导致了利润率的持续走低。在此背景下，保持必要的支持力度，进一步纾困惠企、激发活力，对于中小微企业尽快恢复“元气”至关重要。

助企纾困，贵在精准。有机构调研显示，政策覆盖率高的税收减免等政策，直击中小微企业生产经营中的痛点、堵点和难点，有效缓解了资金压力，解决了企业的实际困难，而政策覆盖率较低的金融支持政策等，纾困效果相对较弱。此外，不同行业、门类的中小微企业面临的问题各不相同，有的源于上游成本压力的层层传导，有的受扰于平台企业的高收费、高提留挤压，对此需区别对待、有的放矢，让普惠政策能高效“滴灌”，提高政策举措的精准性。

助企纾困，重在实效。当前，很多中小微企业“大病初愈”，相关政策“组合拳”不仅要帮助它们固本培元，更要从体制机制上为它们营造可持续发展的环境。要进一步落实“六稳”“六保”政策，确保减税降费、普惠金融等政策红利能够及时走深走实、做到应享尽享。同时，要着力推动产业链供应链上下游企业建立长期稳定合作关系，引导上下游稳定原材料供应及产供销配套协作，帮助企业尽快补齐产业链条，提高产业链韧性和应对市场风险的能力。

需要指出的是，精准高效的助企纾困，也是对营商环境的优化提升。在这个过程中，不仅要把中央一系列纾困政策落实到位，更要加大力度推动“放管服”改革，加快构建市场化、法治化、国际化的营商环境，促进市场要素自由流动，激发市场主体活力，不断增强其内生发展的动力和创新发展的能力。

（刊发于 2021 年 7 月 9 日时评版）

民营控股高铁能否搅动“一池春水”

最近，关于高铁的两则新闻颇受关注：一是世界上运营时速最快的高铁——京沪高铁，迎来了开通运营十周年的日子；二是杭绍台铁路实现了全线铺轨贯通，年底正式运营后，将成为我国首条民营控股的高铁线路。

作为全球最繁忙的铁路线之一，京沪高铁的盈利能力遥遥领先。公开资料显示，2014 年至 2019 年间，京沪高铁净利润年均增幅高达 39.4%，即便是在新冠肺炎疫情严重冲击下的 2020 年，依然实现盈利 45.86 亿元，是名副其实的高铁盈利标杆。

如此高额回报，恐怕没有社会资本不动心的。但长期以来，社会资本在铁路建设中大多充当一些“配角”，特别是在高铁这样重要的民生基础设施领域，社会资本要想实现绝对控股，过去是不敢想象的。如今，杭绍台高铁第一个“吃螃蟹”，率先实现了社会资本的绝对控股，尽管短期看其市场前景尚不明朗，但对于全国铁路投融资体制改革而言，这将是一场意义深远的破冰之旅。

近年来，社会各方对于开放并鼓励社会资本参与重大基础设施建设呼声渐高。一些地方出于发展经济的需要，对吸引社会资本参与基础设施项目建设进行了有益探索，取得了一些进展。但总体看，社会资本在参与项目建设上还缺少明确的抓手，信息不对称、融资成本高等因素，让不少社会资本望而却步。

正因为此，杭绍台高铁搅动的“一池春水”，给观望犹豫中的社会资本带来了信心。这种信心不只来自于股权结构上的创新，更多的来自于社会资本对于获得更为充分运营权、收益权的良好预期。

据了解，杭绍台高铁控股方从一开始就确立了“铁路+PPP+产业”的运营模式，明确提出通过物业、商铺、广告位以及更多商业化的灵活探索，取代单纯依靠票务收入的传统模式。再如，发改、国铁集团等明确表示将支持企业自主确定票价、自行决定列车开行对数，给予企业自由决策权等。此外，得益于高铁运行带来的城市效能升级、产业集聚、扩大就业等潜在效益，社会资本也将从中受益。

应该说，这些政策举措彰显了政府吸引社会资本参与基础设施建设的决心和诚意，也充分体现了项目各方尊重经济运行规律、遵循市场化原则的理性态度。正如市场分析所指出的，在新模式下，更多强调投资回报率的社会资本，有望与更加偏重民生保障功能的国有资本之间形成更为良性高效的互动，有助于进一步发挥投资的关键作用。

当前，我国经济正在持续复苏，预计下半年消费和投资需求缓慢向上修复，会更加有力推动经济恢复发展。在此背景下，进一步增强民间投资增长后劲，就必须持续激发各类社会资本的活力。一方面，要放开民营企业市场准入，支持民营企业创新发展，鼓励民间资本参与“两新一重”及补短板项目建设；另一方面，要增强社会资本的投资能力，创新投资方式，推动落实民营企业降成本政策举措，用好银行信贷、市场债券等金融工具。

当然，充分调动市场主体、社会力量参与基础设施建设，还要统筹强基础、增功能、利长远、惠民生、防风险。在这个过程中，要充分激发出创新内生驱动作用。目前，除杭绍台高铁在投融资体制上率先破题外，基础设施领域不动产投资信托基金（REITs）试点也在稳步进行，可以预计的是，未来还会出现更多类似的创新举措，期待它们为社会资本深度参与基础设施建设拓展更大空间。

（刊发于 2021 年 7 月 17 日时评版）

旅游升温表明消费潜力大

暑期旅游市场的突然升温，让旅游行业颇感惊喜，似乎又有些措手不及。据携程统计，今年暑期跟团游和自由行订单较 2020 年同期增长 10 倍以上，暑期跨省游订单量同比增长 413%。类似的情况，在去哪儿网、同程旅游、马蜂窝等在线旅游平台也多有出现。有业内机构预计，如无意外，今年暑期出游人次有望创下历史新高。

旅游业是受新冠肺炎疫情冲击最大的领域之一。去年以来，旅游市场平稳恢复，为我国消费复苏提供了有力支撑。从市场整体表现看，尽管局部受疫情扰动的情况时有发生，但居民外出意愿有所增强，旅游市场活跃度持续提升，这些都为我国消费加快恢复打下了良好基础。

旅游消费只是我国消费市场的一个缩影。进入新发展阶段，努力扩大居民消费、充分释放内需潜力，不仅是形成强大国内市场、发挥我国超大规模市场优势的必然要求，对于构建以国内大循环为主体、国内国际双循环相互促进的新发展格局同样意义重大。可以说，作为中国经济增长持续多年的“第一引擎”，消费再怎么强调都不为过。

从中国经济上半年“成绩单”看，消费复苏总体势头不断增强，最终消费支出对经济增长的贡献率达到 61.7%，高于资本形成总额

42.5 个百分点。从消费增速看，虽然还滞后于我国经济的整体增速，但随着消费市场信心逐步恢复，消费潜力有望持续释放，其对经济的拉动作用将进一步增强。

释放消费潜力，要持续推进供给侧结构性改革。消费不会凭空产生，它需要有相应的生产与之匹配，才能形成一个良性互动的经济循环。遗憾的是，当前我国供给体系尚不能很好地适应消费结构的变化，特别是在消费扩容提质的背景下，相关产品和服务供给还难以满足多层次多元化的市场需求。只有持续推进供给侧结构性改革，才能更好地满足人们日益增长的消费需求。

释放消费潜力，要不断提高居民可支配收入。近年来，我国居民收入持续增加，消费水平不断提高。尽管如此，相当一部分居民的钱袋子还不够鼓，同时，对教育、住房、医疗、养老等方面的支出预期，也让不少人手里攥着钱却不敢花。解决上述问题，关键在于不断提高居民收入，根本途径还是在保持经济持续健康发展的基础上，深化收入分配制度改革，通过不断改善收入分配结构，让居民收入与经济发展更好实现同步增长。

释放消费潜力，要进一步夯实基本民生保障。民生保障水平与居民消费水平息息相关，要充分挖掘市场潜力、激发市场活力，就要坚持以改善民生为导向，不断织密民生保障网络。民生保障是一项系统工程，也是一项长期工作，既要把党中央、国务院保障改善民生的政策措施落实到位，让群众有能力消费，也要想群众之所想、急群众之所急，积极帮助他们解除后顾之忧，让大家敢于消费、放心消费。

需要指出的是，我国拥有 14 亿多人口，中等收入群体规模全球最大。用好当前稳增长压力较小的窗口期，充分释放消费潜力，让消费重回或接近潜在增长率将是大概率事件。毕竟，消费需求是最终需求，只有消费旺了，经济才会是一池活水。

（刊发于 2021 年 7 月 23 日时评版）

“去煤电”不宜盲目一刀切

一份公开文件，让古城西安冲上热搜。西安市人民代表大会常务委员会审议通过《关于优化调整产业结构能源结构交通运输结构推动大气环境质量持续改善的决定》中，明确提出西安“‘十四五’末退出煤电”的目标。这意味着，2025 年前西安燃煤热电企业将全部关停或搬迁。

热电供应属于基本民生保障，事关群众福祉。多年来，燃煤一直是西安热电生产的主要方式之一，如今要在 5 年内退出所有煤电机组，力度强、决心大，引发社会关注不足为怪。舆论一方面对当地政府通过“去煤电”持续改善大气质量的做法表示认可，另一方面也对煤电退出后能否找到足够的替代能源产生担忧。

据公开报道，西安早在数年前就着手对燃煤机组进行煤改气改造，取得了一定成效。此次西安设定“去煤电”时间表，恰逢我国提出碳达峰、碳中和目标不久，可谓既“减污”又“减碳”。而在替代能源的选择上，陕西本身就是天然气生产大省，若以此为基础构建多气源、多层级天然气供应体系，实现天然气对电煤使用的替代，从技术性、经济性上看是可行的。

不过，考虑到我国天然气供应整体趋紧的实际，特别是在天然气保供全国“一盘棋”的大背景下，西安要实现天然气全面替代燃煤，可能还会存在一些不确定因素。据悉，西安已着手制定相关应急预案，科学部署能源替代工作，以应对可能出现的热电供应不足。

从全国范围看，产业结构偏重、能源结构偏煤的城市还为数不少。个别地方因煤引发的严重污染一度让人谈“煤”色变，甚至还把燃煤与污染直接画上了等号。那么，这些地方是不是都要像西安那样彻底“去煤电”呢？我们认为，应结合当地实际情况，具体问题具体分析，不宜盲目“一刀切”。

从实际效果看，“去煤电”对于减污降碳效果最直接，但从运行成本看，那些天然气资源较为缺乏的地方，选择天然气替代产生的成本可能要远高于“去煤电”成本，一旦两者不能协调推进，势必会对当地经济社会发展带来影响。去冬今春的寒潮天气让不少地方措手不及，关键时刻还是煤电顶上才填补了供应缺口，这也正是“去煤电”不宜蜂拥而上的原因之一。

从电力安全性看，煤电被可再生能源替代是大势所趋，但在中短期内煤电暂不宜轻言全部退出。如果不考虑环境成本的话，煤电目前仍是最便宜、最可靠的电力能源，同时在构建以新能源为主体的新型电力系统中，随着风、光发电大比例接入电网，必须匹配一定量灵活可调的电源，以确保电网的安全性。在这个过程中，煤电仍是最主要的调峰电源，将起到托底保供“压舱石”的作用。

需要指出的是，在污染治理和“双碳”目标的硬约束下，严控煤炭消费增长、严控煤电项目建设，是我国经济实现低碳转型的必然要求。支持有条件的地方及相关重点行业、重点企业率先减碳转型，有助于早日实现上述目标。

但也要看到，由于各地资源禀赋、煤电服役期限和经营状况不同，对于那些具备条件的地区或企业，无论是选择主动退出还是提前退出，都不失为一件利国利民的好事。但有一个基本前提是，要科学配置好煤电资源，该退出的要有序退出，该保留的也要合理保留。

（刊发于 2021 年 7 月 30 日时评版）

外贸成绩单有两个“没想到”

回看上半年外贸表现，有两个“没想到”耐人寻味：一是没想到全国外贸进出口总值能连续 13 个月保持同比正增长，而且进出口规模创下历史同期最好水平；二是没想到外贸增速最快的省份，竟然是不沿海不沿边不沿疆的山西省，进出口同比增速高达 108.4%。

去年以来，受新冠肺炎疫情的严重冲击，我国外贸发展遭遇了前所未有的严峻挑战，特别是在疫情暴发初期，海外“退单”“弃单”等接踵而来，一度让不少外贸企业陷入了生产停顿的困境。

关键时刻，党中央、国务院科学研判全球经济发展态势，持续优化稳外贸政策工具箱，采取了一系列行之有效的创新举措，帮助广大外贸企业保履约、保订单、保市场。比如，针对外贸企业融资难、融资贵等问题，有关部门通过减免税费、信用保险、融资担保等举措，保障了企业资金链不断裂，切实帮助外贸企业渡过难关；再如，在去年疫情最吃紧的时候，海关、商务等部门聚焦市场主体关切，在严格落实防疫要求的前提下，积极推动我国与韩国、新加坡等国家之间建立起“快捷通道”，确保跨国供应链产业链的稳定畅通。

类似这样的政策举措，贯穿于去年以来我国应对新冠肺炎疫情的各个时期，特别是疫情防控步入常态化阶段后，相关宏观政策不搞“急转弯”，继续保持了连续性、协同性，为广大外贸企业抢抓市场机遇提供了有力支撑。从这个意义上看，我国外贸能连续13个月保持正增长且规模创新高，是有其必然性的。

同样，作为外贸“黑马”的山西，其进出口规模的快速增长也绝非一夜之间就形成的。从山西近些年经济数据分析看，曾经“一煤独大”的山西经济已逐步摆脱了对煤炭的依赖，产业结构也从过去卖资源为主转向加工贸易、服务贸易等。

值得关注的是，作为内陆省份的山西，正以一种更加开放的姿态跳出内陆谋发展。据统计，今年上半年，山西已与“一带一路”相关63个国家开展经贸交流，对上述国家和地区实现货物贸易超260.9亿元，同比增长107.5%；此外，山西还与《区域全面经济伙伴关系协定》（RCEP）贸易伙伴货物贸易进出口365.4亿元，同比增长134.5%。

不只是山西，在上半年外贸同比增速高于全国平均水平的18个省份中，中西部地区就占据了12个席位，这表明中西部地区在承接东部产业转移的基础上，正不断与当地特色产业、劳动力等要素资源相结合，形成了新的比较优势。此举将有助于促进外贸布局更趋协调，激发更多外贸潜力。

外贸是我国对外开放的一个窗口。外贸上半年“成绩单”表明，中国的扩大开放并没有因疫情止步，更不会因此而倒退，相反更进一步坚定了高水平对外开放的信心和决心。下半年，我国外贸面对的形势依然复杂多变，特别是全球疫情仍在蔓延、主要经济体复苏存在较大不确定性、产业链供应链“断链”风险有所加大等不利因素，仍将对外贸发展产生较大影响，但我国外贸发展长期向好的大趋势没有变，再加上其与生俱来的强大韧性，我们相信未来还会出现更多的“没想到”。

（刊发于2021年8月6日时评版）

加强宏观政策“跨周期调节”

近期，中共中央政治局会议有关“宏观政策跨周期调节”的提法，引发了广泛关注。对此，市场各方见仁见智从不同角度进行了解读，一个普遍共识是，宏观政策跨周期调节不仅是宏观调控理论的重要创新，更是中国经济可持续发展、高质量发展的现实需求，此举对于中国经济行稳致远意义重大。

长期以来，“逆周期调节”是我国宏观调控的关键词之一，也是我国经济能够平稳运行在合理区间的重要原因，特别是在熨平周期性波动、对冲下行压力等方面，逆周期调节发挥了积极作用。此次中央基于对当前经济社会发展形势的科学研判，明确提出宏观政策跨周期调节的要求，这既是对传统逆周期调节的完善和升级，也是顺应经济中长期发展作出的战略抉择。

事实上，在一年前的中共中央政治局会议上，“完善宏观调控跨周期设计和调节”就被提出，这也是“跨周期调节”概念首次出现。但考虑到当时我国刚刚步入新冠肺炎疫情常态化防控阶段，经济发展的主要任务是加快复工复产复市，实施宏观政策跨周期调节的时机尚不成熟。

经过各方共同努力，去年我国经济率先从新冠肺炎疫情中恢复发展，成为全球唯一实现正增长的主要经济体。今年上半年，我国经济继续稳定恢复、稳中向好，不仅经济总量持续扩大，经济增长动能也比较充足，为宏观政策跨周期调节夯实了基础。另外，今年是“十四五”开局之年，从中长期看，无论是构建新发展格局、深化供给侧结构性改革，还是实现科技自立自强、推动扩大内需战略落地，都离不开宏观政策的连续性、稳定性和可持续性，而这些也正是跨周期调节的内在要求。

说到底，与逆周期调节相比，跨周期调节更加侧重于对经济发展的中长期优化，更加注重稳增长和防风险的统筹推进，从而进一步提升经济增长潜力和内生动力。通常情况下，当经济运行出现异常时，及时运用财政、货币等逆周期调节手段，确实可以让经济较快回归到正常轨道，但如果频繁进行逆周期调节，也会带来一些“后遗症”。

比如，宽松金融政策短期内可刺激经济增长，但长期宽松会累积金融风险；又如，强投资拉动可有效对冲经济下行压力，但也会催生重复建设、产能过剩等。而跨周期调节的启用，让宏观调控“工具箱”更为丰富灵活，特别是在兼顾解决经济发展中的短期周期性问题与中长期结构性问题方面，更具全局性和前瞻性。

需要指出的是，中央强调宏观政策跨周期调节，并不是对逆周期调节的否定，更不是此消彼长的对立关系。对此，我们要有清醒的认识。

当前，我国经济处于稳增长压力较小的窗口期，经济长期向好的态势也未发生改变，但要看到，创新动力不足、经济结构不均衡、发展质量效率不高等中长期问题依然存在。对此，我国宏观政策加强跨周期调节，既着眼于对冲新冠肺炎疫情带来的冲击，也兼顾对中长期结构性趋势性变化的应对，将有助于发挥好宏观政策“四两拨千斤”的作用。

（刊发于 2021 年 8 月 13 日时评版）

碳市场“冷清”应是虚惊一场

尽管各方对碳交易前景普遍看好，但全国统一碳排放权交易市场首月“高开低走”的现实，还是让很多人始料未及。从单日成交量看，自碳市场上线首日成交410万吨之后，市场成交量就呈现持续走低态势，单日最低成交量仅为6001吨；从月度累计数据看，首月碳排放配额总成交量仅为701.88万吨，累计成交额只有3.55亿元，与此前的市场预期形成了较大落差。

碳市场整体不活跃，交易量持续走低，是制度设计上的“先天不足”，还是实际运行中的“水土不服”？回答这个问题，还要从10年前地方碳市场试点说起。2011年，国家发展改革委批复启动了地方碳市场试点，随着深圳、上海、北京等地碳排放权交易陆续上线，我国区域性碳市场建设蹒跚起步。经过10年探索，在总结地方试点经验的基础上，建设全国碳市场时机成熟。

今年7月16日，全国碳市场正式上线交易，电力行业是首个也是目前唯一一个纳入碳排放权交易的行业，其2162家发电企业碳排放总量就高达45亿吨，以至于有媒体感慨“中国碳市场一经启动，就成为全球覆盖温室气体排放量规模最大的碳市场”。

不仅如此，碳市场还是我国实现碳达峰、碳中和与国家自主贡献目标的重要政策工具之一。作为一项重大制度创新，全国碳市场

“十年磨一剑”，其目的就是要充分利用市场机制来控制和减少温室气体排放，推动经济社会向绿色低碳发展转型。碳市场一方面要承担起促进碳减排的社会责任，另一方面要充分发挥好市场的调节作用，其重要性不言而喻。

正因如此，相当一部分企业对进入碳市场持谨慎观望态度。有机构调查显示，虽然电力行业数据管理扎实准确，具备整体进入碳市场交易的基础，但有很多电力企业是初次接触到碳市场，之前也没有参与过地方碳交易试点工作。对碳市场规则认识不足、对碳资产管理缺乏经验等因素，让一部分企业在入市交易上选择了“谨言慎行”，这是导致全国碳市场整体不活跃的主因之一。

此外，各家企业的碳排放配额目前还只是预分配计划，随着今年 9 月 30 日全国碳市场第一个履约周期的到来，企业可较为准确地掌握其免费碳配额是否够用，这将为其下一步参与碳交易提供更为准确的成本判断。按照规则，在完成配额核定的基础上，碳配额将在今年 12 月 31 日进行清缴履约，如不出意料，今年第四季度全国碳市场有望进入交易活跃期。

由此看来，碳市场目前的“冷清”应该只是虚惊一场，对于这个刚刚“满月”的新事物，市场各方还需保持一定耐心。可以肯定的是，随着相关时间节点的到来，碳市场交易将逐步升温。需要指出的是，“十四五”期间，除了发电行业外，石油、化工、钢铁、建材等八大重点能耗行业都将纳入碳市场之中。有机构统计，上述八大行业纳入控排的企业数量将达 1 万家，届时市场交易自然会水涨船高，恐怕碳市场想不热都难。

从未来发展趋势看，我国碳市场的参与主体将会从企业逐步扩大到机构投资者及个人，市场的交易品种也会从现货扩展到期货、碳指数等衍生品领域。与之相对应的是，我国碳市场总体规模或将突破 1 万亿元，这意味着碳交易不仅是促进企业碳减排的直接手段，还将是绿色金融中又一项极具价值的投资选择。

（刊发于 2021 年 8 月 20 日时评版）

能耗“双控”须臾不可放松

日前，国家发展改革委印发了《2021年上半年各地区能耗双控目标完成情况晴雨表》。在这份“晴雨表”上，青海、宁夏、广西、广东、福建、新疆、云南、陕西、江苏9个省（区）能耗强度同比不降反升，另有10个省份能耗强度降低率未达到进度要求。这意味着有一半以上省份上半年“双控”目标未能完成。

对能源消耗总量和强度进行“双控”，是解决资源约束趋紧、从源头上减少污染物和温室气体排放的重要举措，也是倒逼经济发展方式转变的有效抓手。经过多年努力，我国能耗“双控”态势总体向好，特别是今年上半年，我国单位GDP能耗同比下降了2%。在此背景下，上述省份能耗强度的“不降反升”，自然引发社会关注。

导致上述现象的原因较为复杂，涉及当地资源禀赋、经济结构等多方面因素。但一个不可回避的事实是，随着“双碳”目标提出，如何破解能耗“双控”与经济转型发展之间的矛盾，统筹推进“双控”与“双碳”的协调发展，已成为很多地方特别是中西部能源大省（区）必须面对的新课题。

正因如此，为了尽快实现能耗“双控”目标，一些省份谈“煤”色变，动辄就对煤电项目搞“一刀切”，还有一些地方寄希望于某种技术，试图一劳永逸地解决问题等。此类做法之所以有一定市场，归根到底还是部分地区对能耗“双控”重要性认识不够，对其内涵缺乏准确理解。针对这些情况，有关部门近期开展了专项检查，及时对一些不正确做法进行了纠正，但从上半年能耗“双控”目标完成情况看，当前全国节能形势仍较为严峻，各地亟需采取有力措施，确保完成全年能耗“双控”目标。

要继续绷紧能耗“双控”这根弦，须臾不可放松。如果从“十一五”规划首次把单位 GDP 能耗强度作为约束性指标提出算起，我国已持续推动能耗强度下降达 15 年之久，累计能耗强度降低幅度已超 3 成。对此，一些能耗强度较低的地方出现“可以歇一歇”的心理，而部分能耗强度反弹的地方也心存侥幸，认为整体能耗下来了，局部高一点也可以得过且过。这些观点显然是与“双控”目标背道而驰的。要知道，实施能耗“双控”的初衷，就是要通过节能提效，倒逼经济转型。

要继续保持能耗“双控”的实施力度。近年来，我国单位 GDP 能耗虽有所下降，但目前仍为世界平均水平的 1.5 倍左右，这意味着我国经济增长中有很大一部分是依赖于能源消耗。这样的发展方式显然是不可持续的，也不利于我国能源结构的低碳转型。事实上，在多年实践中，那些见效快、易操作的措施，大部分地区已采用实施，这意味着越到转型后期，“双控”的难度就越大，越需要从技术创新、结构优化、管理提升等方面系统谋划、持续发力。

当然，我们对能耗“双控”目标的强调，并不是说要彻底抛弃化石能源的使用，而是更加重视用新发展理念对其科学利用。特别是在“双碳”目标下，既要稳住化石能源的保底作用，也要积极发展可再生能源，通过优势互补、形成合力，在满足经济发展能源需求的同时，不断降低能源消耗强度。

本周恰逢我国第31个全国节能宣传周，今年宣传周“节能降碳，绿色发展”的主题，契合了能耗“双控”的目标要求。下一步，要积极发挥能耗“双控”的指挥棒作用，一方面让各地能实事求是地制定发展目标，不好高骛远“抢头彩”；另一方面全力以赴夯实节能减排的基础，不投机取巧“走捷径”，确保全年目标顺利实现。

（刊发于2021年8月27日时评版）

以跨周期调节应对“一次性因素”消退

去年下半年以来，中国外贸一路高歌猛进，进出口总值连续 14 个月正增长，贸易规模创近 10 年新高，成为全球经贸中最大的亮点之一。

成绩有目共睹，但我们无法回避这样一个事实：外贸行业中，大部分市场主体的日子并不好过，特别是那些中小微外贸企业更是进退两难——一边是“疯涨的箱子”重现港口，“一箱难求”“货值抵不过运价”的现实让其苦不堪言；另一边是明知不赚钱甚至是亏损，也要硬着头皮接下订单，唯恐一不小心就失去了日后的客户。

对于外贸行业的境况，有关部门一直密切关注。在日前举行的国新办新闻发布会上，商务部有关负责人表示，外贸近期持续保持快速增长势头，其中不乏防疫物资出口剧增等“一次性因素”的作用，而“这些一次性因素并不会长时间持续，下半年的外贸增长正逐步放缓，明年的外贸形势可能很严峻”。

实事求是地看，中国外贸之所以能抓住“一次性因素”，绝非偶然。如果没有全国上下齐心协力有效控制住疫情，没有完整供应链产业链作为支撑，中国外贸业发展可能又是另外一番景象，而这是所有人都不愿看到的。事实上，当前外贸企业所要面对的，不只是正在消退的“一次性因素”，还有更多来自外部环境的压力，比如备受关注的运力运费问题、大宗商品和原材料价格上涨的问题，又如人民币汇率升值压力及劳动力成本提高问题等。在这些因素的叠加作用下，外贸发展的市场环境变得异常复杂。

以大宗商品和原材料价格为例，今年前 7 个月，中国铁矿砂进口均价上涨了 69.5%，原油进口均价上涨了 26.8%，进口铜均价上涨了 39.2%。上游原材料价格的上涨，迟早会传导到中下游制造业企业的生产成本中。如果人民币汇率升值，也会推高外贸企业的交易成本，挤压它们本已单薄的利润空间。

基于对国际经贸形势的科学研判，从去年下半年开始，中央屡屡强调要稳住外资外贸基本盘，即便是在外贸形势整体向好的情况下，有关部门也从提高贸易便利化水平、促进外贸新业态发展等方面持续发力，不断推动外贸行业转型发展。但现实的复杂性远高于纸面上的分析，面对外贸领域可能出现的大幅波动，中央近期提出宏观政策跨周期调节，目的就是让外贸能平稳运行在合理区间，防止大起大落对贸易增长和市场主体的伤害。

需要指出的是，外贸领域跨周期调节的着力点，仍将围绕着稳增长、促创新、保畅通、扩合作这四个方面展开。稳增长，重点在于稳住市场主体、稳住市场订单；促创新，就是要大力推进跨境电商等外贸新业态、新模式发展，支持高技术、高质量、高附加值产品的出口，加大中国品牌的海外推介力度；保畅通，就是要确保外贸产业链、供应链的畅通；扩合作，就是通过深化国际经贸合作，商签更多自贸协定、升级现有自贸协定等举措，有效维护多边贸易体制，更深地融入到国际经济合作中去。

有人说，外部潮水的退去，让中国外贸呈现出“水落石出”的景象。但我们更想说的是，面对国际经贸新形势、新挑战，中国外贸理应展现“任尔山呼海啸，我自岿然不动”的实力和姿态。

（刊发于 2021 年 9 月 3 日时评版）

靠什么吸引外资持续流入

近期，针对部分互联网企业融资上市、经营方式、数据安全等方面存在的不规范行为，有关部门出台了一系列监管措施，引发了一些海外投资者的担忧。对此，有外媒认为，中国政府正在加大对经济的控制，甚至是在逆转改革开放进程。这样的臆断逻辑不通，观点也站不住脚。

事实上，在新冠肺炎疫情冲击全球投资活动的大背景下，2020年外商对华投资依然逆势增长，中国也首次成为全球最大外资流入国。今年以来，外资流入延续稳中向好势头，数量提升、结构优化的特征更加明显。国家统计局最新数据显示，前7个月，中国吸引外资总额高达1007.4亿美元，同比增长30.9%。其中，高技术制造业、高技术服务业吸引外资增速分别高达34.6%、40.6%。

对于外资的跨国流动，通常情况下主要从两个方面加以考量：一是看那些流动性强、短期化的外资，它们往往借助离岸人民币市场流入中国；二是看长期或中长期外资，它们更多地选择以直接投资方式来华投资兴业。比较而言，后者的流向能更好地反映出一个国家经济基本面情况。从这个意义上看，外资逆势增长的背后，正是外资企业持续看好中国市场，以实际行动对中国投下的信任票。

外资对中国的信任，源自中国经济稳中向好的长期大势。在新冠肺炎疫情全球大流行的形势下，中国不仅率先控制住了疫情，还以完整的工业体系、稳定的产业链供应链等优势，实现了经济逆势增长。从主要指标看，外贸进出口已连续 15 个月实现同比正增长，而制造业采购经理指数（PMI）也连续 18 个月站在荣枯线之上，表明中国制造业仍处于持续扩张阶段。事实上，中国市场已成为众多知名跨国公司业绩增长的“主引擎”，中国经济展现出的强大韧性和活力，已成为稳定外资对中国市场信心的关键。

外资对中国的信任，源自中国持续优化的营商环境。近年来，中国持续推进“放管服”改革，同步实施《优化营商环境条例》和外商投资法，市场准入和外商负面清单不断缩短，市场准入门槛持续降低。中国持续构建市场化、法治化、国际化营商环境的努力，得到国际社会高度认可。世界银行近期报告显示，中国营商环境在全球 190 个经济体中的排名由 2012 年第 91 位跃升到 2020 年第 31 位，8 年提升了 60 位。

外资对中国的信任，源自中国不断扩大的对外开放。当前，中国正加快构建以国内大循环为主体、国内国际双循环相互促进的新发展格局，推动更高水平对外开放的步伐不断提速。自贸试验区再次扩围、海南自由贸易港建设启航、金融等服务业开放深入推进、进博会等开放平台不断升级……这些实实在在的开放举措，为广大外资企业与中国经济共成长提供了富饶的土壤，彰显了中国做大互利共赢蛋糕的诚意和决心。

市场机遇在哪里，企业信心就在哪里。目前，全球投资仍面临着疫情长尾冲击等诸多不确定性因素，但稳健向好的经济基本面、完善的产业链供应链支撑、持续优化的营商环境等，仍将是中国吸引外资的有利因素。综合各方因素看，我国全年利用外资的数量是可以实现一定幅度增长的，甚至可能好于市场预期，中国吸引外资将“磁力”强劲、魅力不减。

（刊发于 2021 年 9 月 10 日时评版）

煤价“高烧”当休矣

煤炭价格的持续冲高，让一度沉寂的“煤超疯”再度来袭。9月9日，国内煤炭期货价格创下历史新高。其中，动力煤主力合约价格首次突破每吨千元大关，焦煤、焦炭也不甘落后，主力合约价格双双走出创纪录高位。

尽管上述价格在次日盘中就出现了集体跳水，但煤价急涨急跌还是引发了一系列“蝴蝶效应”，牵动各方神经。短期看，煤炭价格持续高位震荡，与煤炭库存、海运费用等相关指标变化有着直接关系，但长期看，影响煤炭价格的一个关键还是煤炭市场供需关系。

以煤炭行业“去产能”为例，“十三五”期间全国累计退出煤矿5500多处，淘汰落后煤炭产能10亿吨/年以上。大量落后产能虽然退出了，但新增先进产能却未及时跟上。据公开数据测算，今年全年新增煤炭先进产能也不过2亿多吨。

通常情况下，国内煤炭市场的缺口，会通过进口煤来补充一部分，但今年进口煤炭市场整体遇冷，市场缺口有所扩大，原因有二：一是全球航运市场运费持续上涨，导致进口煤到岸价格不断走高；二是受国际政经关系、新冠肺炎疫情等因素影响，澳煤进口受限、蒙煤通关不畅，主要港口存煤迅速下降。

中国煤炭工业协会发布的《2021年上半年煤炭经济运行情况通

报》，印证了上述判断。数据显示，今年上半年，全国煤炭消费量约21亿吨，同比增长10.7%。同期，全国规模以上企业原煤产量19.5亿吨，仅同比增长6.4%。此外，全国主要港口合计存煤6298万吨，同比下降8.3%。

从煤炭的绝对价格来看，当前我国煤价已处于2008年以来的高位，相关市场主体、贸易商等普遍产生“恐高”心理，而下游企业也感受到巨大的成本压力传导。针对各方诉求，有关部门采取积极措施，努力帮助企业克服困难，但要想从根本上解决问题，关键要在增加煤炭市场供应上动脑筋。

今年下半年以来，煤炭产能释放的信号十分明显，特别是8月份以来，仅内蒙古一地就有36座露天煤矿取得用地批复，预计9月中旬后还将有更多优质煤炭产能陆续启动。尽管各方对于煤炭市场政策调控的预期不断增强，但多年来煤炭行业“越调控越涨价”的怪圈，还是让不少人心存疑惑：今年煤价究竟能不能摁住？

实事求是地看，影响煤炭供需关系的因素非常复杂，短期内彻底解决失衡问题确有难度，但不能因此对国家层面稳定煤价的决心和信心产生动摇。从全国范围看，随着煤炭产能的逐步释放，煤炭供给大幅增加是可以预期的，只不过政策效应的显现仍需要一个过程。

一方面要持续稳定地扩大煤炭供给，另一方面要继续强化煤炭与上下游产业协作，后者也是引导供需市场平稳运行的有效路径。实践证明，自2016年启动“煤炭中长期合同”制度和“基础价＋浮动价”定价机制以来，煤炭上下游产业互利共赢的发展格局正在逐步形成，市场各方接受度不断提高。这一模式兼顾了供需双方利益，有助于优化资源配置、稳定煤炭供应基本面，也有助于推动煤炭行业增强抵御风险的能力，提高全行业高质量发展水平。

需要指出的是，当前煤炭价格飙升的背后，也不乏一些机构或个人的恶意炒作、囤积居奇，对于这些违法违规行为，有关部门应及时给予打击，切实维护市场秩序。毕竟，任何一个理性的市场，对于无序、非理性的价格上涨都是无法容忍的。

（刊发于2021年9月17日时评版）

知难而上推进东北全面振兴

地区经济总量不乐观、发展增速有所下滑，再加之人口持续外流，近年来外界唱衰东北的论调不绝于耳，诸如“被抛弃的工业锈带”“投资不过山海关”等说法一度盛行，让原本就负重前行的东北地区备感困惑和焦虑。

老工业基地如何破解资源枯竭后的转型困境，是一个世界性难题。不同于西方一些国家所谓的“工业锈带”，东北地区在产业发展基础、科研创新能力、社会发展程度等方面的综合条件，均好于国外那些衰败地区，推进东北全面振兴仍是有基础的。

至于“投资不过山海关”的说法，也只是局部的、个别的现象。近年来，笔者曾多次到东北地区调研，亲身感受到东北地区营商环境发生的变化，特别是近5年来，已有不少大企业大项目选择到东北投资落户，尝到了跨过山海关投资兴业的甜头。

客观地看，自2003年党中央作出实施东北地区等老工业基地振兴的重大战略决策以来，在一系列政策举措支持下，东北经济社会发展取得了积极进展。虽然东三省经济在全国排位还比较靠后，但经过各方努力，三地经济恢复增长的态势已经稳住。

不过，东北地区存在的问题仍然不少。比如，在融入市场分工体系、参与全球市场竞争上相对不足，经济规模未能与全国实现同步增长，以及多年累积的产业结构老化、经济内生动力不足、体制机制僵化守旧等深层次矛盾依然存在，短期内解决上述问题尚有较大难度。

当前，东北地区正处于爬坡过坎的关键时期，既要妥善解决老问题，又要积极应对新挑战，东北没有退路可言；在全国高质量发展的“一盘棋”上，东北也绝不能掉队。事实上，在我国加快构建新发展格局的大背景下，以《东北全面振兴“十四五”实施方案》《辽宁沿海经济带高质量发展规划》等重磅文件发布为标志，东北地区正迎来新一轮发展机遇。

改革是东北全面振兴的根本机遇。以优化营商环境为基础的全面深化改革，是推进东北全面振兴的“牛鼻子”。一方面，要持续推进国资国企等重点领域改革，推动有效市场和有为政府更好结合；另一方面，要围绕营商环境改善进一步深化“放管服”改革，更好地激发市场主体活力，促进东北地区形成大企业“顶天立地”、小企业“铺天盖地”的发展格局。

开放是东北全面振兴的最大机遇。对外，要充分做好辽宁沿海经济带和东北沿边开放这两篇大文章，加快打造重点面向东北亚的开放合作高地；对内，要进一步加强与京津冀协同发展、长江经济带发展、粤港澳大湾区建设等国家战略的对接交融，构建东北对外开放的大通道、大平台、大布局，深度融入到新发展格局的构建中并积极发挥东北力量。

产业是东北全面振兴的关键机遇。要积极发挥东北的科技创新优势，改造升级“老字号”，深度开发“原字号”，培育壮大“新字号”，不断加快产业结构优化升级，运用市场化方法推动优化产业布局，形成大中小企业相互配套、融通发展的产业格局。加大对农业的支持，把国家粮食基地建设与新型城镇化结合起来，建设好现代化东北“大粮仓”。

东北振兴不是朝夕之事，不应也不能急功近利；东北振兴也不是单一的经济发展，它还包括生态环保、社会事业等多领域全方位的振兴。推进东北全面振兴，就是要知难而上、抢抓机遇、久久为功，让东北这个“龙头”真正昂起来。

（刊发于 2021 年 9 月 24 日时评版）

以中长期合同全覆盖化解煤电博弈

煤炭价格屡创新高，让煤炭企业迎来了“煤飞色舞”的日子。据国家统计局数据，今年上半年，我国规模以上煤炭企业利润总额2068.8亿元，同比增长高达113.8%。

煤企乐开了花，火电企业却有苦难言。煤价不断上涨，但电价原地不动，这给火电企业带来了大面积严重亏损，再加上部分企业机组因秋季检修而停机，由此引发了局部地区电力供应紧张局面。

类似这样的“煤电博弈”由来已久，其背后实际反映的是煤炭供需关系的角力，而解决问题的关键在于如何保障煤炭安全稳定供应。

众所周知，我国煤炭市场化改革开启于20世纪90年代，目前市场化机制已基本确立，而电力市场化改革尚在进行中。为了避免可能产生的错配，有必要通过创新制度设计，将这两个行业的协作关系稳定下来，在此背景下，煤炭中长期合同机制应运而生。

所谓煤炭中长期合同，是指由供需双方签订的期限明确、量价齐全、经铁路运力衔接的煤炭购销合同，执行“基准价＋浮动价”的价格机制。这一制度自2017年设立以来，在实践中不断完善健全，得到供需双方认可。从国家发展改革委运行局监测数据看，近年来煤炭中长期合同签约履约率在稳步提升，生产运输消费环节衔接更加顺畅高效，对于推动上下游行业持续健康发展、促进煤炭市场供需平衡，发挥了积极作用。

为了更好地发挥中长期合同在稳定市场方面的作用，由国家发展改革委牵头，国铁集团联合煤炭、电力、钢铁、港口及地方交易中心等 35 家煤炭上下游优势企业发起成立了全国煤炭交易中心。作为煤炭高标准市场体系建设的重要基础设施，该中心着力打造成为煤炭交易实现中心、价格发现中心、供应链服务中心和监测预警中心。目前，煤炭中长期合同全部进入交易中心平台汇总确认。从平台数据看，今年煤炭中长期合同整体执行率已超过九成。

今年以来，煤炭市场出现供不应求的状况，而保障发电供热的煤炭能否可靠稳定供应，事关经济平稳运行和广大群众切身利益。基于这一实际，推动发电供热用煤中长期合同全覆盖，对其用煤实行百分之百全面保障，就是兜住了民生刚需用煤的底线，可谓意义重大。值得一提的是，今年 9 月 25 日，多家国内主要煤企、东北地区重点发电供热企业已在京集中签约，东北三省率先实现了发电供热用煤中长期合同全覆盖。

从全国看，推动发电供热用煤中长期合同全覆盖，可提前锁定煤炭资源和价格，可有效平抑煤价的大幅波动，降低民生用煤的成本，有利于煤炭市场的平稳运行。同时，此举也将降低用煤企业运营成本，在一定程度上缓解部分发电供热企业亏损的局面。值得一提的是，在用煤高峰期，借助中长期合同的全覆盖，可以有效避免市场盲目抢购、哄抬物价、囤积居奇等行为，帮助发电供热企业解决用煤的后顾之忧。

更重要的是，推动发电供热用煤中长期合同全覆盖，可以有效调整煤炭供应结构和流向，促进形成稳固的煤炭消费格局，对于稳定社会预期、增强市场信心具有重要作用。可以预见的是，中长期合同在稳定煤炭价格波动和供需关系方面将发挥重要的“压舱石”作用，或将改写“煤电博弈”的格局。

（刊发于 2021 年 10 月 1 日时评版）

挖掘旅游业发展结构性潜力

在多地提出“非必要不出省”的倡议之下，今年的国庆黄金周，周边游、乡村游等唱起主角。从有关部门监测数据看，全国旅游市场加快恢复发展的势头更加清晰。

去年以来，新冠肺炎疫情重创了全球旅游业，中国也未能独善其身。逆境之下，中国旅游业知难而上，一边抓生产自救、努力止损，一边以赛道转换为契机，不断拓展新业态新空间，在负重前行中加速蜕变。

旅游业是我国市场化程度最高的行业之一。经过多年发展，中国旅游业已从最初的“上车睡觉、下车拍照”转向如今更加重视体验与感受，从粗放的“有没有、够不够”转向精细的“好不好、精不精”，品质已成为当下旅游业高质量发展的关键词之一。

疫情给旅游业发展带来了损失，它也在一定程度上倒逼着人们重新审视旅游业的价值，挖掘中国旅游业发展结构性潜力——

潜力在于出境游市场受阻后的国内替代市场。

中国是全球出境游市场的重要力量，无论从旅行社数量、出境人数以及目的地国家和地区的数量，都实现了稳步增长。如今，出境游虽处于“冰封”状态，但旅游的内在需求不会消失，承接它们的是国内部分旅游热门地区。

国内旅游资源的质量、数量并不比国外差，但人们选择出境游，显然不是单纯冲着看风景去的。出境游所提供的更优服务体验，或许才是支撑中国出境游市场快速发展的加分项。多年前，笔者曾与几位旅游业内人士到云南、贵州等地调研，令人印象深刻的是，当地风景完全不逊于一些世界级旅游目的地，但在旅游的可到达性、服务的标准化等方面，确实存在相当的差距。

差距就是市场潜力。如果我们能够把上述短板补齐，从培育高端旅游市场入手，吸引出境游群体中的一部分回流，就完全可以形成一个具有竞争力的高端细分市场，参与到下一步的国际旅游市场重塑中去。

潜力还在于或将爆发式增长的短途游市场。

疫情在一定程度上改变了消费行为，改变着旅游市场格局。在大众日益重视休闲的背景下，城市旅游将更多地聚焦周边游、本地消费等领域，此举将有助于推动形成以内循环为主的城市旅游新模式。

从近期各地短途游市场的反馈看，以释放压力、放飞心情为主导的城市休闲游、乡村微度假等新业态，有望实现弯道超车。特别是在实施乡村振兴战略的形势下，自驾出行的快速普及，房车营地新休闲方式的崛起，让以家庭为单元的这部分群体成为短途游市场的主力军，并将成为他们的一种生活方式。

我国旅游业发展进入了一个精准对接市场需求、精心做好管理服务、精细打造行业品牌的新阶段。一方面，疫情加速了行业洗牌的过程，一批善于化危为机的旅游企业将成为行业竞争的强者；另一方面，旅游业作为提升内需、扩大就业的重要抓手，以及构建新发展格局的重要支柱，理应在推动高质量发展中更好地发挥出示范作用。对此，我们拭目以待。

（刊发于 2021 年 10 月 8 日时评版）

电价市场化改革有待供需齐发力

日前，国家发展改革委印发《关于进一步深化燃煤发电上网电价市场化改革的通知》，就燃煤发电上网电价改革提出了四方面具体举措，引发了广泛关注。此前，国务院常务会议就进一步做好今冬明春电力和煤炭等供应作出部署，强调要改革完善煤电价格市场化形成机制。

煤电价格倒挂问题由来已久，用市场化手段解决这一问题，方向无疑是正确的。不过，从近年来实践看，煤电博弈的背后还存在诸多有待破解的深层次问题，而这些问题的集中暴露也正是引发本轮部分地区“拉闸限电”“有序用电”的主要原因之一。

煤电价格改革，首先要从煤说起。煤炭从用途看可分为动力煤、化工用煤和炼焦煤三大类。其中，化工煤、炼焦煤早在20世纪90年代就已实现了市场化定价，而动力煤中绝大部分是用于发电或供热的电煤，其价格仍实行国家定价。在市场煤价格持续大涨的情况下，煤企难免不愿意把煤卖给电厂，而电厂也基本买不起市场煤，这直接导致了电煤储量的不断减少，且新能源发电尚不能及时补上，使得电力供应缺口持续扩大。

在此背景下，改革完善煤电价格市场化形成机制，尽快理顺煤电价格关系，推动煤炭和电力行业实现良性互动、协调发展，是有效化解煤电博弈、保障电力稳定供应的重中之重。

早在2004年，国家发展改革委将传统的煤电企业“一机一价”定价办法，改为煤电“标杆价”并辅助以煤电价格联动机制。但近年来，电煤价格变化与电力需求走势出现了一定程度的背离，“标杆价”由于缺乏弹性执行机制，很难对此作出及时适度的反应，改革煤电价格形成机制势在必行。

“基准价 + 上下浮动”的煤电价格形成机制自2020年起正式取代了标杆电价机制。应该说，“基准价 + 上下浮动”的煤电价格形成机制，对于加快我国发电行业引入竞争机制等方面具有积极促进作用。但也要看到，我国电力行业的市场化改革尚未完成，也不可能一蹴而就，新的煤电价格形成机制必须在供需两端协同发力，要在实际运行中不断加以调整，以不断适应市场环境的变化。

在发电侧，要有序放开全部燃煤发电电量上网电价，扩大市场化交易电价上下浮动范围，确保价格形成机制更具灵活性、针对性。改革后，市场交易电价上、下浮动范围分别由现行的不超过10%、15%，调整为上下浮动范围原则上均不超过20%，对高耗能行业可由市场交易形成价格，不受上浮20%的限制。鼓励地方对小微企业和个体工商户用电实行阶段性优惠政策。这些举措充分考虑了供需双方的市场诉求，有利于促进发电行业平稳运行，保障电力安全稳定供应。

在用电侧，要在保持居民、农业、公益性事业电价稳定的基础上，推动工商业用户全部进入市场，进一步增加电力市场交易主体数量、扩大交易规模，以更充分地反映出电力供求关系变化，加快确立市场在电力资源配置中的决定性作用，更好地推动新型电力系统构建，同时更好地发挥政府作用。

当前，我国竞争性电力市场仍处于初步阶段，在这个过程中，要严格落实并发挥好煤电“基准价 + 上下浮动”机制的作用，不仅要杜绝对合理范围内正常浮动的市场价格进行不当干预，更不能对电力用户和发电企业进入市场设置不合理门槛，切实维护好电力市场公平、公正、公开的运营秩序和发展环境。

（刊发于 2021 年 10 月 15 日时评版）

依法干预煤价彰显保供决心

10 月 19 日晚，国家发展改革委一则“研究依法对煤炭价格实行干预措施”的消息，让处于风口浪尖的煤价话题再次成为舆论焦点。

此前一天，国家发展改革委曾对外宣布，近日全国煤炭日产量已超过 1150 万吨，比 9 月中旬增加 120 万吨以上，创今年以来新高。煤炭日产量增加确实是个好消息，但这似乎依然遏制不住煤价上涨的冲动，煤炭市场“煤超疯”仍频频上演，动力煤期货价格离 2000 元 / 吨大关仅一步之遥，而部分产地动力煤价格一度曾突破 2500 元 / 吨。

煤炭是重要的基础能源，也是与老百姓紧密相关的民生商品。在过去大半年时间里，煤价从每吨不到 600 元飙升至 2000 元，不仅大幅推高了下游行业生产成本，而且对电力供应和冬季供暖产生不利影响。对此，国家发展改革委分析认为，当前煤价涨幅已完全脱离了供求基本面，且临近采暖季市场需求旺盛，煤价呈现进一步非理性上涨的趋势，有必要对煤价实行干预。

通常情况下，当市场出现失灵时，政府理应伸出“有形之手”进行纠偏。此次国家发展改革委表示“充分运用《价格法》规定的一切必要手段，研究对煤炭价格进行干预的具体措施”，明确向市场释放出促进煤炭价格回归合理区间、促进煤炭市场回归理性的强烈信号，彰显了中央层面对于确保能源安全稳定供应和人民群众温暖过冬的坚定决心。

在全国范围内对煤炭价格进行干预，这并非首次。早在 2011 年 12 月 1 日，同样是为了遏制煤价快速上涨，国家发展改革委曾对电煤实施临时价格干预措施，当时采取的措施主要有两个：一是对合同电煤适当控制价格涨幅，二是对市场交易电煤实行最高限价。那次临时价格干预持续了 1 年多时间，直到 2013 年 1 月 1 日才正式解除。

不仅仅是煤炭，近些年我国还对多种重要商品或服务进行过价格干预。比如，去年新冠肺炎疫情暴发后，不少地方对口罩、消毒剂等抗疫物资进行了严格限价，严查哄抬物价、囤积居奇等行为；在服务价格方面，上海在进博会举办期间已连续 3 年对酒店房价、网约车价等进行干预，浙江省今年还首次以法规形式对一些地方“1 元快递”“8 毛发全国”的低价快递进行了干预，明确提出快递经营者不得以低于成本的价格提供服务。

从全球范围内看，价格干预也是一种通行做法。20 世纪 70 年代，日本政府曾拨付 40 亿日元、配备 4 万人，对 130 多种商品和服务进行干预。1982 年，美国纽约因暴雪使用大量食盐化雪，造成食盐短缺价格飞涨，在当地政府及时价格干预下，食盐价格很快稳定了下来。类似的案例并不鲜见。

由此可见，市场规律本身不能完全取代政府的监管。市场经济并不意味着要完全放任价格。适度的价格干预，不仅有利于平抑物价、保护消费者利益，也有利于维护经济平稳运行及社会秩序稳定。

需要指出的是，价格干预仅是一种临时措施，且只针对价格显著上涨、影响人民群众生活的部分重要商品和服务。当价格回归到合理区间后，价格干预就应及时解除。从本质上看，价格干预只是政府进行社会治理的辅助性手段之一，稳定价格最终还要靠发展生产、增加供给来实现。具体到当前“高烧”的煤价，我们相信，随着优质产能加快释放和一系列保供“组合拳”作用下，煤价冲高上涨的势头有望回落。

（刊发于 2021 年 10 月 22 日时评版）

推广“支持民企 72 条”很及时

日前，国家发展改革委印发通知，向全国推广青岛、温州、泉州等 8 个地方 72 条支持民营企业改革发展的典型做法，让有关民营经济的话题再度引发关注。

民营企业对于经济社会发展的重要性无须赘述。40 多年来，民营企业家在市场大潮中栉风沐雨、砥砺前行，用智慧和汗水助力成就了今日中国经济的传奇。有数据显示，当前民营经济为我国贡献了 50% 以上的税收、60% 以上的 GDP、70% 以上的技术创新成果、80% 以上的城镇劳动就业、90% 以上的市场主体数量。

从政策层面看，中央鼓励民营经济发展的导向一直十分明确。这一点，从 2005 年《国务院关于鼓励支持和引导个体私营等非公有制经济发展的若干意见》、2010 年《国务院关于鼓励和引导民间投资健康发展的若干意见》、2016 年《中共中央 国务院关于完善产权保护制度依法保护产权的意见》以及 2019 年《中共中央 国务院关于营造更好发展环境支持民营企业改革发展的意见》等重要文件中清晰可见。

此次推广的 72 条经验做法，均来自近年来地方的成功实践，不仅涵盖了支持民营企业改革发展的方方面面，而且直指民营企业生产经营中的突出问题。比如针对融资难、融资贵问题，经验做法有

20条之多，涉及直接融资、间接融资、首贷、续贷、转贷、融资担保、信用融资等多个方面，精准回应了民企融资的“切肤之痛”。

这72条经验做法中，有超过半数以上属全国首创，其中很多还是“从0到1”的创新举措。比如，青岛市率先成立了民营经济发展局，温州市首发民间融资“温州指数”，泉州市率先推动民企“党建入章”等。正如有网民留言称，这些经验做法“接地气”“有温度”，虽然有点“土方”“偏方”的味道，但好用管用、即学即用。

支持民营企业改革发展是一项从中央到地方、上下联动的系统工程。作为与民营企业面对面的“最后一公里”，地方做得好不好、到不到位，事关民营经济稳定发展的市场预期，也直接影响民营企业的获得感。

当前，我国民营经济发展的总体形势是好的，民营企业在市场历练中强筋壮骨，发展韧性和抗风险能力不断提高。但也要看到，在新冠肺炎疫情局地反复、大宗商品价格大幅上涨等冲击下，一部分民营企业面临较大的发展压力。特别是近期，中央出台了一些规范行业发展的监管举措，引发了部分市场人士的担忧，甚至一度出现了“打压民营经济”的曲解和杂音。

在此背景下，72条经验做法的推广如同一场及时雨，虽然只是在现有政策框架下的“微改革”“微创新”，但确实能帮助广大民营企业解决一些实际困难，也有助于稳定其发展预期，体现出党和政府在支持民企改革发展上的一贯态度和良苦用心。正如习近平总书记今年4月在广西考察时所指出的：“我们鼓励民营企业发展，党和国家在民营企业遇到困难的时候给予支持、遇到困惑的时候给予指导，就是希望民营企业放心大胆发展。”

推动民营经济实现更大发展，既要通过深化改革、优化治理、改善管理来提高民营企业核心竞争力，也要为民营企业创造更好的发展环境和条件。未来，我们乐见更多“冒着热气”的经验做法，从基层一线中来，又回到更多的基层实践中去。

（刊发于 2021 年 10 月 29 日时评版）

利用外资并未遭遇天花板

“到中国去！到中国投资去！”投资圈里的这句流行语，反映出近年来中国利用外资的成效。中国用超大规模市场优势和完善高效的产业体系，给予了投资者们丰厚回报。

中国在外资政策上的一举一动甚至是细微变化，都备受境外投资方的关注。作为我国首份利用外资专项规划，《“十四五”利用外资发展规划》（以下简称《规划》）近日一经商务部发布，就引发不少猜想——

有投资者发现，规划文本中除了提出未来5年利用外资的指导思想、发展目标和重点任务外，还明确了一系列量化指标，比如，到2025年实际吸收外商直接投资7000亿美元，高技术产业吸收外资占比达30%等。实际情况是，“十三五”时期，我国实际使用外资已经接近7000亿美元了，但“十四五”时期这一目标还设定在7000亿美元。这背后是不是意味着中国利用外资正遭遇天花板？

单纯从数字上看，“十四五”期间我国利用外资量在规模上变化不大，但从横向比较看，中国在利用外资上依然是全球瞩目的“优等生”。在新冠肺炎疫情全球蔓延、贸易单边主义抬头的背景下，包括中国在内的主要经济体都面临着利用外资规模萎缩、流动性下降等问题。

联合国贸发会议发布的报告显示，2020 年全球外国直接投资（FDI）流动下降了 38%，仅为 8460 亿美元，为 2005 年以来最低，未来还可能会持续缩水。但中国作为少数几个保持增长的主要经济体之一，2020 年实现使用外资 1443.7 亿美元，逆势增长了 4.5%，毫无悬念地成为全球第一大投资目的地。

我国已进入新发展阶段，经济发展的环境和条件都发生了重大变化，利用外资也要随之作出相应调整。显然，在保持引资总量基本稳定的前提下，持续优化利用外资结构，不断提升利用外资的质量和水平，是推动我国利用外资高质量发展的内在要求。

值得注意的是，《规划》对如何优化外资结构作出明确部署。比如，引导外资更多投向数字转型、节能环保、生态环境、绿色服务等产业，参与新型基础设施建设；再如，支持外商投资企业发展研发设计、金融服务、现代物流、供应链管理等生产性服务业和医疗健康、养老育幼等生活性服务业，支持设立全球和区域地区总部、研发中心等。

令人欣慰的是，今年以来，这种结构性变化已在部分重点领域有所显现。据商务部统计，今年前三季度，我国服务业实际使用外资同比增长 22.5%；高技术产业实际使用外资增长 29.1%，其中高技术制造业增长 15.2%，高技术服务业增长 33.4%。应该说，利用外资领域的这些亮点，完全契合了我国经济高质量发展的要求。

总体看，当前我国外资流入延续了稳中向好势头，全年利用外资量很可能还会好于预期。但也要看到，以区域化、多元化、短链化为特征的全球产业链重塑已是不争的事实。在这个过程中，是主动参与还是被动接受，直接决定着未来我国在全球产业分工合作中的地位和前途。下一步，充分利用好外资带来的先进技术及管理模式，借助国际大循环来提升国内大循环的效率和水平，继而实现国内国际双循环相互促进，实现在两个市场、两种资源中合作共赢，正是发布首份利用外资规划的题中之义。

（刊发于 2021 年 11 月 5 日时评版）

取消“普惠制”对我国出口影响有限

第四届进博会完美收官，让中国扩大开放的步伐更加自信笃定。然而，近日朋友圈里的一则消息，却让很多人“大吃一惊”。

消息说，从 12 月 1 日起，欧盟成员国、加拿大、英国等 32 个国家将取消对中国的“贸易普惠制待遇”。对此，有人说，取消普惠制意味着关税上调，新一轮贸易摩擦风雨欲来，也有人认为，这相当于在一夜之间把中国拉回到入世之前。

笔者就此查阅了海关总署公报，发现确有“自 12 月起不再签发对输往欧盟、英国等地‘普惠制原产地证书’”的表述，这从侧面证实了上述消息的真实性。不过，因为对国际经贸规则的不熟悉，不少人在转发消息时混淆了“普惠制待遇”与“最惠国待遇”的概念，引发了不必要的猜测。

事实上，普惠制与最惠国待遇之间有着本质上的区别。普惠制，顾名思义就是普遍优惠制度，是发达国家给予发展中国家或地区的一种非歧视、非互惠的关税制度。因为它是发达国家单向给予发展中国家或地区的一项优惠，发达国家是可以单方面取消的；最惠国待遇则是国与国之间贸易条约和协定的法律待遇条款，是彼此之间相互给予的优惠，单方面取消是违约行为。此外，普惠制主要针对进出口贸易，而最惠国待遇包括缔约国双方在通商、航海、关税、法律地位等多方面的优惠、特权或豁免待遇，它比普惠制的适用范围更加广泛。

现实中，发达国家之所以对发展中国家设置普惠制待遇，主要目的在于扩大发展中国家产品对发达国家的出口。而通过扩大出口，发展中国家可以获得外汇收入、提升工业化水平，继而促进自身经济发展。这个“看起来很美”的事，其实在根本上仍摆脱不了利益这个关键词，也正是因为关税低甚至零关税，发达国家可以用低价从发展中国家买到它们需要的大宗商品。说到底，普惠制要实现的就是“发展中国家要发展，发达国家要利润”，如果发达国家想要的利润降低到一定程度甚至是没有了，它们自然就会取消普惠制待遇。

这也就不难理解为何上述国家要取消对中国的普惠制待遇了。今年是中国加入世界贸易组织20周年。入世20年来，中国对外贸易已成为推动世界贸易增长最重要的力量之一，“中国制造”在国际市场上得到越来越多的关注与认可，中国产品的竞争力较20年前已有大幅提升。正如专家所喻，普惠制的取消，标志着中国在世界贸易的赶考中“毕业”了。

当前，中国经济虽然获得了历史性崛起，但在全球第二大经济体、第一大货物贸易国的耀眼标签下，我们仍须清醒地认识到，中国仍是一个发展中国家。从人均GDP、产业结构、就业结构、创新能力、发展的平衡性和充分性等具体指标看，中国仍是目前世界上最大的发展中国家。

需要指出的是，普惠制待遇取消会对一些企业出口带来不利影响，但总体看影响较为有限。一个最有说服力的例子就是中美贸易摩擦，尽管贸易摩擦持续多年，但并未影响中美之间贸易额的快速增长。不过，对于相关外贸企业来说，短期内，要充分利用我国自贸区建设的成果，把订单转移到与我国签署双边、多边自贸协定的国家和地区，以应对出口冲击；长期看，出口企业应借势加快转型升级步伐，向创新和效率要发展，从根本上增强自身参与国际市场竞争的实力。

好消息是，作为全球人口最多、规模最大、最具发展潜力的自贸协定，《区域全面经济伙伴关系协定》（RCEP）将于明年初正式生效。广大外贸企业在积极应对普惠制取消的同时，不妨在如何找准RCEP 市场机遇上多一点关注，以便更好地搭乘 RCEP 快车。

（刊发于 2021 年 11 月 12 日时评版）

期待清洁生产挑起“双碳”大梁

实现碳达峰、碳中和是一场广泛而深刻的系统性变革，也是一场不可回避的硬仗。近日，国家发展改革委等十部门发布《“十四五”全国清洁生产推行方案》，以节约资源、降低能耗、减污降碳、提质增效为导向，对“十四五”时期推行清洁生产的15项重点任务作出全面部署，旨在推动减污降碳协同增效、促进经济社会发展全面绿色转型。

清洁生产并非新事物，早在20世纪90年代初，我国就引进了首个与国际接轨的大型清洁生产项目，组建了专门从事清洁生产研究的机构。2002年，《中华人民共和国清洁生产促进法》通过，我国清洁生产正式步入法制轨道。

不过，在很长一段时间里，受经济发展阶段、政策体系完善度等因素限制，清洁生产仅被作为一种管理手段。经过这些年的发展，我国国情与清洁生产引入之初相比已发生很大变化，特别是近期中共中央、国务院印发《关于完整准确全面贯彻新发展理念做好碳达峰碳中和工作的意见》，国务院印发《2030年前碳达峰行动方案》，共同构成了贯穿碳达峰、碳中和两个阶段的顶层设计。清洁生产被赋予了更大的发展使命。

其一，清洁生产强调从源头预防、过程控制、终端治理综合入手，彻底改变了此前先污染、后治理的“末端治理”模式，从根本上解决环境污染和资源约束问题。

与过去单一停留在生产层面不同，清洁生产如今涵盖了两个全过程控制，即生产的全过程和产品的整个生命周期全过程。对生产而言，清洁生产强调对原材料与能源的节约使用，尽可能不用有毒原材料，并在全部排放物和废物离开生产前就减少它们的数量和毒性；对产品而言，从原材料获取到产品最终处置的全生命周期中，尽可能把对环境的影响降到最低。

其二，清洁生产突破了多年来主要集中在工业行业的局面，发展理念进一步扩大提升，主要举措向农业、建筑业、服务业、交通运输业等新领域全方位延伸。

比如在农业领域，推进农业生产投入品减量，科学施肥、节水灌溉、废弃物资源化利用，在减少污染产生的同时，让资源循环利用起来；在建筑领域，推行工程建设全过程绿色化，提高新建建筑节能标准等；在服务领域，推行一次性塑料制品限用，全面节水和提高用水效率，加强厨余垃圾资源化利用等；在交通运输领域，优化调整运输结构，推广使用清洁能源等，加快形成科技含量高、资源消耗低、环境污染少的绿色生产方式。

其三，进一步探索政府引导、企业自愿的清洁生产推动模式，用好用足经济手段和市场规律，让企业真正成为清洁生产的主角。

实现“双碳”目标，一方面要遏制高耗能高排放项目发展，依法依规淘汰落后产能，另一方面要加快推进清洁生产，在一批绿色低碳前沿技术和关键产业领域取得重大突破并迅速推广应用。但也要看到，前沿技术、关键产业突破存在着巨大的不确定性，很难完全依靠市场进行自我调节。因此，在坚持市场主导的原则下，更好地发挥政府作用，坚持“两条腿走路”，方能真正推动“双碳”目标行稳致远。

从当前我国低碳转型的实际看，清洁生产是生产端、消费端、社会三方面谋求利益最大化的集中体现。在迎接“双碳”大考的过程中，应让清洁生产多挑大梁，为经济社会高质量发展提供有力支撑。

（刊发于 2021 年 11 月 19 日时评版）

为生态保护修复开正门扎篱笆

生态是最大的公共产品，而良好生态环境是最普惠的民生福祉。近年来，我国持续推进生态保护修复工作，从大气、水、土壤污染防治攻坚战到山水林田湖草系统治理，从国家公园制度体系构建到生态产品价值实现试点启动，建设美丽中国已成为全社会的共识与行动。

近日，国务院办公厅印发《关于鼓励和支持社会资本参与生态保护修复的意见》（以下简称《意见》），提出要充分发挥市场在资源配置中的决定性作用，更好发挥政府作用，聚焦重点领域，激发市场活力，推动生态保护修复高质量发展，增加优质生态产品供给，维护国家生态安全。

对于这份重磅文件的发布，市场各方都给予了积极关注。很多业内人士认为《意见》标志着“生态保护修复的春天来了”，也有一些市场机构持观望态度，建议还应在更多细则上加以明确。但总体看，《意见》向市场释放了最大的诚意，传递出中央支持鼓励社会资本参与建设的明确态度和决心。

近年来，社会各方对于开放并鼓励社会资本参与生态保护修复的呼声渐高。一些地方出于经济社会发展的需要，对吸引社会资本参与生态修复建设进行了有益探索，取得了一些进展。但也要看到，社会资本在参与这些项目建设上还缺少明确的抓手，信息披露不充分、参与渠道不畅通、支持政策不明确、回报路径不清晰等一些实际问题，让不少社会资本望而却步。与此同时，也有部分社会资本借生态保护修复之名，行市场开发之实，屡屡突破保护红线和法律底线，让原本利国利民的生态保护修复变了味、走了样。

出现上述情况，一个重要原因是生态保护修复领域缺乏行之有效的社会资本参与机制。此外，生态保护修复有其自身规律，投入周期长、见效慢，而且具有在标准体系上不统一、不协调等特征，客观上也增加了社会资本的参与难度。有统计显示，仅在山水林田湖草生态保护修复方面，我国现行标准就多达 350 多项。

基于发展实际，以制度规范促进生态修复市场的发展培育，成为本次《意见》的核心。笔者注意到，《意见》首先对生态保护修复的对象进行了专门限定，明晰了生态修复市场的边界，比如受损、退化、功能下降的森林、草原、湿地等自然生态系统，生态功能减弱、生物多样性减少、开发利用与生态保护矛盾突出的农田生态系统，城镇生态系统连通不畅、生态空间不足等问题，海洋生态环境退化、外来物种入侵问题等。只有符合这些前置条件的生态环境问题，才是保护与修复的对象。

《意见》还明确了社会资本参与生态保护修复的责、权、利，给广大市场主体吃下“定心丸”。比如，明确社会资本可以选择自主投资、与政府合作、公益参与等模式参与生态保护修复，通过利用获得的自然资源资产使用权或者特许经营权发展适宜产业、申请核证碳汇增量并进行交易、经政府批准的资源综合利用等获取投资回报，用制度化方式为社会资本参与建设提供保障，真正让社会资本进得去、退得出、有收益。

当然，支持鼓励社会资本参与，并不意味着政府就可以袖手旁观。从以往实践看，“有形之手”既要做好顶层设计和完善制度规则，还要善于运用“放活”与“管好”的辩证法。一方面，可以通过产权激励、财税支持、金融扶持等手段，营造良好的发展环境，持续推动生态保护修复市场做大做强；另一方面，要严格按照法律制度和标准规范来划定红线、守牢底线，用好市场信用奖惩手段，让社会资本参与生态保护修复的道路越走越宽、越走越顺。

（刊发于 2021 年 11 月 26 日时评版）

稳住工业回升向好态势

临近岁末，有关工业经济运行的几组数字，给这个冬日带来了浓浓暖意。

一是规模以上工业企业利润稳中有升。10 月份，全国规模以上工业企业利润同比增长 24.6%，较上月加快 8.3 个百分点，连续两个月回升。利润增速稳中有升，表明我国工业企业生产经营状况正不断改善。

二是规模以上工业增加值有所增强。前 10 个月，31 个省份规模以上工业增加值全部实现增长，其中 17 个省份工业增加值累计同比增速超过 10%。这反映出地方工业经济已出现积极变化，对经济增长的支撑作用有所增强。

如果说上述两组数据是对之前工业经济运行情况的概括，那么反映制造业景气程度的先行指标——制造业采购经理指数（PMI），其表现同样可圈可点。数据显示，11 月份制造业 PMI 为 50.1%，不仅结束了连续 7 个月的下跌态势，而且一举越过临界点重返扩张区间，释放了经济向好的积极信号。

工业稳，则经济稳。作为经济增长的核心引擎之一，今年以来，我国工业发展克服了疫情、汛情、部分能源及原材料供应偏紧等不利因素，总体实现了稳定恢复。特别是进入三季度以来，随着能源保供稳价、助企纾困等政策组合拳持续发力，我国工业生产恢复进一步加快。

从四季度经济形势看，外部环境依然复杂多变，经济运行仍有下行压力，工业增长还将面临众多不稳定、不确定性因素。但也要看到，提振工业经济的有利因素也在持续累积，工业经济结构正不断得到优化改善，比如10月份，高技术制造业利润同比增长17.4%，消费品制造业利润由降转增，私营企业利润同比大幅增长28.8%，规模以上工业企业每百元营业收入中的成本费用同比减少了0.39元。

工业经济回升向好来之不易。要稳住这一态势，就需持续夯实工业经济稳定恢复的基础，在深耕优势产业的基础上，推动工业生产从“扩量”向“补链”“强链”转变。

我国经济在新冠肺炎疫情冲击下依然保持较强的韧性，靠的是工业门类齐全、体系完备，但也暴露出我国产业链供应链上的某些短板弱项，部分关键技术受制于人的局面尚未根本改变，一些核心零部件要不到、买不来，给有关工业企业生产经营带来较大影响。对此，一方面要继续强基础，把制造业高质量发展作为主攻方向，深入实施制造业“补链”“强链”行动，推动产业链、供应链与创新链、要素链等深度耦合；另一方面要持续增动能，进一步加大对工业领域有效投资的力度，以结构的优化升级不断提升工业经济动能。

需要指出的是，中小微企业在我国制造业企业中数量多、占比大，要稳住工业经济回升向好态势，还需着力为制造业中小微企业减负担，让它们能轻装上阵，不断提高抵御风险的能力。近期，国务院常务会议决定对四季度制造业中小微企业实行阶段性税收缓缴，该政策实施首月即累计缓缴税费471.4亿元。类似这样以广大企业

“急难愁盼”问题为导向的政策举措，不仅能有效缓解企业资金上的燃眉之急，还将有助于稳定市场预期、提振发展信心。

今年是“十四五”开局之年，稳住工业经济回升向好态势，将为整个“十四五”时期工业经济高质量发展打下扎实基础。现阶段，我们既要统筹谋划好四季度经济增长的“冲刺跑”，也要密切关注内外部环境的变化，做好跨周期调节政策储备，跑赢中国经济高质量发展的这场“马拉松”。

（刊发于 2021 年 12 月 3 日时评版）

宏观政策为何坚持“以我为主”

12月6日，中国人民银行宣布将于本月15日下调金融机构存款准备金率0.5个百分点，共计释放长期资金约1.2万亿元。此次降准临近岁末，又恰逢美国缩减购债规模之际，引发一些市场人士对明年货币政策走向宽松的猜测。

对于各方声音，央行及时回应并重申稳健货币政策取向没有改变，将保持政策的连续性、稳定性、可持续性，不搞“大水漫灌”。当天召开的中央政治局会议也强调，明年经济工作要稳字当头、稳中求进。上述政策基调，凸显了决策层坚持“以我为主”的宏观政策取向。

今年以来，美欧等主要发达经济体实施了前所未有的扩张性财政政策和超宽松货币政策，导致全球流动性泛滥，一些国家的房价、物价出现大幅上涨，全球债务也创出历史新高。近期，一些发达经济体货币政策开始调整，美联储宣布启动缩减购债计划，部分新兴市场国家开始加息。从历史经验看，这些举措可能会引发美元回流，抬高美元币值和美国国债利率，触发国际金融市场潜在风险，继而造成资产价格震荡。

新冠肺炎疫情发生以来，中外经济面临不同的发展环境和影响因素，在发达经济体宏观政策调整可能产生外溢风险的背景下，坚持“以我为主”的货币政策，适度调高稳增长在宏观政策制定中的权重，可有效避免人民币一揽子汇率跟随美元被动升值，也有助于保持我国宏观经济平稳运行。事实上，强调以我国经济运行中的中长期问题为导向，保持宏观政策的连续性、稳定性、可持续性，不盲从、不跟风，本质上正是坚持“以我为主”宏观政策取向的内在要求。

坚持“以我为主”，是贯穿我国宏观经济治理的政策取向。一方面，我国作为全球第二大经济体，有坚持“以我为主”的底气。我国经济体量大、韧性强，近年来经济增速持续领跑全球主要经济体，经济结构转型升级和高质量发展都取得了明显成效，具备了宏观政策“以我为主”的基础。另一方面，决策层在宏观调控方面积累了丰富经验，有坚持“以我为主”的能力。当前，我国宏观政策“工具箱”里政策储备充裕、调控手段丰富，坚持完整准确全面贯彻新发展理念，锚定高质量发展这一发展目标，掌握好宏观调控的节奏和力度，有助于将我国经济长期向好发展势头保持下去。

坚持“以我为主”，既要强调坚持稳中求进工作总基调，也要更加注重宏观政策的灵活精准、合理适度。中央政治局会议提出，继续做好“六稳”“六保”工作，持续改善民生，着力稳定宏观经济大盘，保持经济运行在合理区间。具体到积极的财政政策，就是要提升效能，更加注重精准、可持续；具体到稳健的货币政策，就是要灵活适度，保持流动性合理充裕。在加强宏观政策跨周期调节的同时，也要综合考虑我国经济恢复稳固性、均衡性的实际，适当加大宏观政策逆周期调节的力度。

当然，我们强调宏观政策“以我为主”，并不意味着对外部因素视而不见，相反，要善于因势利导、为我所用，让宏观政策更加精准有效。需要指出的是，要进一步加强对宏观政策最优组合的选择，注重政策之间的统筹协调，避免因政策叠加导致政策效果打折扣。

（刊发于 2021 年 12 月 10 日时评版）

用好工业稳中有进窗口期

国家统计局发布的11月份数据显示，我国规模以上工业增加值同比增速进一步反弹至3.8%。工业生产好于预期，得益于出口坚挺、能源保供等因素支撑。11月份，手机、集成电路等工业品生产保持较高景气水平，电力、热力等供应规模明显提升，一度受芯片短缺影响的新能源汽车产销量更是创下了历史新高。

工业是国民经济的主体，工业稳，则经济稳。今年以来，我国工业生产克服了新冠肺炎疫情、汛情、部分能源及原材料供应偏紧等不利因素，总体延续了稳定复苏态势。特别是进入四季度以来，在能源保供稳价、政策纾困等叠加发力下，工业生产恢复进一步加快，为宏观经济保持稳定运行做出重要贡献。

但也要看到，工业经济的恢复仍然不稳固、不均衡，行业、区域及企业之间的结构性分化态势仍在扩大，原材料价格上涨对下游企业特别是中小企业带来的成本冲击持续显现，外贸进出口也面临高位回调。此外，居民消费和投资恢复滞后、能源要素约束趋紧、产业链供应链关键环节受阻等，也给工业经济恢复带来较大影响，市场预期有所回落。

综合来看，明年我国工业经济仍将承压前行，工业生产应在保持“稳”的基础上适时适度求“进”，努力平衡好短期应对和中长期发展的关系。一方面，短期内要妥善应对疫情多点散发对工业生产造成的冲击，努力保持工业生产的平稳有序；另一方面，中长期要继续深化供给侧结构性改革，推动工业经济高质量发展。

稳定工业经济增长，要打通堵点卡点，确保工业经济循环畅通。中央经济工作会议指出，要深化供给侧结构性改革，重在畅通国内大循环，重在突破供给约束堵点，重在打通生产、分配、流通、消费各环节。对于工业经济来说，应努力做好“三稳”，即稳供应、稳价格、稳产业链供应链。稳供应，就是要扎实推进能源安全保供；稳价格，就是要增加大宗原材料市场有效供给，灵活运用国家储备开展市场调节；稳产业链供应链，就是要推动产业链上中下游、大中小企业融通创新，促进产业链供应链贯通发展。

稳定工业经济增长，要挖掘需求潜力，拓展工业发展新空间。需求收缩是我国经济发展面临的三重压力之一，也是影响工业经济增长的关键因素。扩大有效需求，是拓展供给空间的重要途径，而供给空间的提升离不开有效投资的支撑。对此，要加快推动重大项目落地实施，推进重点领域企业技术改造，培育消费新模式新业态，深挖消费潜力，稳住外资外贸稳中向好的基本盘。

稳定工业经济增长，要完善工业发展环境，提高政策支持精准性。良好的发展环境是工业经济应对外部冲击、实现稳定增长的重要抓手，而精准有力的政策扶持，是推动工业高质量发展的强劲引擎。在这个过程中，既要注重发挥财政金融、产业发展等各类政策的组合叠加效应，也要切实调动工业企业自身的积极性、主动性，形成政府、市场的双轮驱动效应。

稳定工业经济增长是推动工业高质量发展的前提，要充分利用好当前工业经济稳中有进的窗口期，妥善把握好政策实施的时机和力度，统筹处理好短期目标与长远目标之间的关系，真正推动工业发展的质量变革、效率变革、动力变革。

（刊发于 2021 年 12 月 17 日时评版）

准确把握基建投资适度超前

中央经济工作会议提出，适度超前开展基础设施投资。在需求收缩、供给冲击、预期转弱的三重压力下，中央重提适度超前开展基础设施投资，既是基于有效应对新冠肺炎疫情冲击、托底经济增长的重要考量，也是强化既有经济优势、壮大未来发展动能的内在要求。

基础设施建设是稳增长的重要抓手之一。有测算显示，基础设施建设会产生明显的“乘数效应”，一份基础设施投资往往可带来数倍于投资额的社会总需求及国民收入。事实上，固定资产投资持续多年的高位运行，已经让人们尝到了适度超前基础设施建设带来的甜头，也有力支撑和拉动了我国经济的快速增长。

受多方面因素影响，当前我国经济运行的下行压力有所加大。从短期看，亟须宏观政策发力稳增长，而基础设施投资正是逆周期调节的重要手段之一。在公共财政支出受制于收入下滑、减税降费激励效果又相对较慢的情况下，基础设施投资见效更快，稳增长效果也更为直接。从中长期看，基础设施投资仍将是构建新发展格局的重要一环。适度超前的基础设施建设是扩大有效投资的动力之一，也是释放后续消费潜力、增加就业机会、提高居民收入的初始环节之一。从这个意义上看，基础设施投资在我国内需体系中的地位不可或缺，而适度超前仍将是扩大内需的战略基点，适度超前的基础设施投资有望对社会消费形成更为长久的支撑。

与传统基础设施投资不同，中央经济工作会议提出的适度超前开展基础设施投资，更加强调在碳达峰碳中和、高质量发展的国家战略下，聚焦发力减污、降碳、新能源、新技术、新产业集群等重点领域，“绿色基建投资”的特征进一步强化。比如，我国正在积极构建以新能源为主体的新型电力系统，在沙漠、戈壁、荒漠等地区加速开展大风电、大光伏基地建设，与城市轨道交通、新能源汽车相关联的基础设施建设加快推进等，均契合了绿色发展的方向。

新型基础设施建设仍将是适度超前基础设施投资的重要方向之一。“十四五”规划和 2035 年远景目标纲要均明确了现代化基础设施建设的方向，一方面要积极开展以数字化为主的基础设施建设，以实现数字技术开发应用的换道超车；另一方面则强调对传统基础设施的数字化改造，用数字技术为能源、水利、交通等传统基础设施建设赋能。

适度超前开展基础设施投资，对各地如何落实好这一政策思路提出了更高要求。历史上，由于缺乏科学研判和规划，一些地方所谓的新城变成了“空城”“鬼城”，不少基础设施贪大求全，带来了成本与资源的巨大浪费，这方面是有过深刻教训的。近段时间以来，在“双碳”“双控”目标约束下，个别地方片面追求效果，在基础设施建设上不顾实际搞“碳冲锋”或运动式“减碳”，中央及时出手进行纠偏，是十分必要的。

需要指出的是，适度超前开展基础设施投资，还要避免以“适度超前”的名义一哄而上，表面上热闹又风光，最终往往是一哄而散、一地鸡毛。前几年，各地竞相上马的大数据中心、地铁等项目，若不是有关部门及时干预，可能还会造成更大的损失。总之，要全面深刻认识“适度超前”的含义，充分考虑市场需求和区域发展实际，坚持量力而行、尽力而为，避免形成新的地方债风险。

（刊发于 2021 年 12 月 24 日时评版）

迈上制度型开放新高地

岁末年初，我国扩大开放再迎两大利好——

利好之一，2021 年版外资准入负面清单如期而至。经过“五连降”，清单中针对外资的特别管理措施已从第一版的 190 条，缩减至如今的全国清单 31 条、自贸区清单 27 条。清单“瘦身”幅度之大，让很多外商投资者啧啧称赞，也进一步彰显了中国扩大开放的诚意和信心。

利好之二，《区域全面经济伙伴关系协定》（RCEP）自 2022 年 1 月 1 日起正式生效。尽管对于大多数市场主体来说，RCEP 仍是个新事物，但它带来的这个充满着商机、经济体量近全球三分之一的统一大市场，将为全球贸易格局重塑注入新动力。

无论是外资准入负面清单的不断完善、RCEP 的正式生效，还是此前外商投资法的落地实施、海南自由贸易港的加速推进，都表明中国正阔步走在制度型开放的道路上。一系列制度创新举措的示范、实施，为中国新一轮高水平对外开放及新冠肺炎疫情后世界经济复苏创造着更多机遇。

回顾 40 多年改革开放历程，中国积极推动商品和要素型开放，充分利用劳动力、土地等要素资源优势，通过关税减让等优惠措施，大规模吸引外资或以加工贸易等方式参与全球产业化分工，逐步成长为世界第二大经济体、第一大货物贸易出口国。

随着经济全球化的深入推进，我国在全球价值链上的分工也随之作出深刻调整，促进数量型开放向质量型开放升级势在必行，特别是近年来外部形势复杂多变，让我们愈发强烈地感受到“以开放倒逼改革”的紧迫性。如果说过去中国的开放是“顺势而为”，那么今天的开放则是中国“主动为之”的选择。从某种意义上看，加快向制度型开放转变已成为中国与世界经济合作共赢的必然要求。

自 2018 年 12 月中央经济工作会议首提“制度型开放”以来，一系列制度型开放部署在各地各领域紧锣密鼓地展开。近日召开的中央经济工作会议再提“推动制度型开放”，强调要落实好外资企业国民待遇，吸引更多跨国公司投资，推动重大外资项目加快落地，这不仅是我国应对“需求收缩、供给冲击、预期转弱”三重压力的有效举措之一，也向市场释放出中国对外开放透明可预期、更好对标国际规则的强烈信号。

制度型开放是未来实现更高水平对外开放的核心所在。越是强调经济高质量发展，就越要强化对外开放的制度设计，推动形成与国际规则相衔接的、规范透明的制度体系和监管模式，以增强对经济发展的进一步预期。对此，“十四五”规划和 2035 年远景目标纲要也明确了路线图，即进一步推进贸易和投资自由化便利化，持续深化商品和要素流动型开放，稳步拓展规则、规制、管理、标准等制度型开放。

目前，除外资负面清单、RCEP 等陆续落地生效外，我国还就加入更高层次的全面与进步跨太平洋伙伴关系协定（CPTPP）和数字经济伙伴关系协定（DEPA）提出申请，以期在制度型开放上更进一步。需要指出的是，与传统的商品和要素型开放相比，在推进制度型开放的过程中可能会遇到更多困难、更大阻碍，甚至考验着决策方的定力和智慧，但我们坚信，无论外部环境怎么变，中国扩大高水平开放的决心不会变，中国同世界分享发展机遇的决心不会变，中国推动经济全球化朝着更加开放、包容、普惠、平衡、共赢方向发展的决心不会变，从而让中国的繁荣发展更好地惠及世界。

（刊发于 2021 年 12 月 31 日时评版）

政府治理能力现代化迈出新一步

1月4日国务院常务会议召开，议题之一聚焦“全面实行行政许可事项清单管理”，引发社会广泛关注。

日常工作生活中，行政许可事项涉及经济社会发展的方方面面，无论是企业的生产经营还是百姓的民生事务，或多或少都会接触到它们。此次会议通过了《法律、行政法规、国务院决定设定的行政许可事项清单（刊发于2022年版）》，明确要求各省、市、县依法设定的行政许可事项全部纳入其中，推动实现同一事项在不同地区同要素管理、同标准办理。这一举措抓住了行政许可制度的核心要义，体现了深化行政许可改革的内在要求。

近年来，从中央到地方推出了一系列“放管服”改革措施，有效激发了市场主体活力和社会创造力。但也要看到，一些群众反映强烈、企业关注度高的问题依然不少，比如一度在公众视野消失的“奇葩证明”“循环证明”又在一些地方出现，诸如“我是我”“我爸是我爸”这样的证明要求，不仅给群众带来了“办事难”“难办事”的感受，也损害了政府公信力；再如，一些新技术、新业态、新模式因处于行政许可事项的“模糊地带”，企业不得不在有关部门之间“跑断腿”“磨破嘴”，束缚了企业发展的手脚。

将行政许可事项全部纳入清单管理，是消除上述痼疾的一剂良方。得益于“放管服”改革的持续推进，近年来有大量行政许可事项被取消或下放，上级许可事项减少了，但下级许可事项却日渐增多；一些行政许可在数量上减少了，但实质内容却没有变化；还有一些行政许可事项是“按下葫芦起了瓢”，许可数量甚至明减暗增……此次会议明确要求各地编制清单的基本要素应相对统一，推动实现同一事项在不同地区同要素管理、同标准办理，强调在编制本级清单时不得超出上一级清单范围等，这些举措将有助于规范行政许可的实施行为，消除实施过程中的灰色地带，提升政府部门行政效率。

将行政许可事项全部纳入清单管理，是优化营商环境的关键一招。对清单内行政许可逐项制定实施规范，明确许可条件、申请材料、审批程序、收费标准等具体内容并向社会公开，强调执行中不得增加附加条件或限制、清单之外一律不得违法设立和实施行政许可等，有利于企业形成稳定预期，同时增强市场发展信心，在减少制度性交易成本的基础上，推动有效市场和有为政府的更好结合。从山东、广东等地此前实践看，在行政许可领域全面实行清单管理，有助于打破各种不合理限制和隐性壁垒，促进营商环境的市场化、法治化、国际化。

法定职责必须为，法无授权不可为。总体看，行政许可全面实行清单管理是对我国行政管理方式的一次重大改革，意味着国家治理体系和治理能力在现代化建设上又迈出了新的一步。在明确了行政许可全面清单管理路线图的同时，会议还明确了这一改革的时间表，强调在今年底前省、市、县编制完成本级行政许可事项清单，这向外界传递出中国以更大力度优化营商环境的坚定决心，必将对我国经济社会发展产生深远影响。

（刊发于 2022 年 1 月 7 日时评版）

煤价齐涨应是“昙花一现”

煤价又涨了？有报道说，新年首个工作日以来，电煤价格一改下跌态势调头向上，且坑口港口、期货现货同步齐涨。这架势不免让人心生担忧：煤炭此轮涨价是“昙花一现”式的常规波动，还是意味着新一轮上涨通道的开启？

去年以来，煤价一直牵动着市场神经，特别是进入四季度后，煤价持续上涨，至10月中旬，港口5500大卡动力煤价创下了每吨2600元的历史纪录，坑口煤价一度逼近每吨3000元大关。

煤价波动的背后，是煤炭供需的博弈。面对如“脱缰野马”的煤价，有关部门及时出手，采取了一系列保供稳价措施，煤价也逐步回归理性区间，一些地方甚至还出现了贸易商低价抛售潮。按理说，在市场观望情绪浓厚的背景下，煤价本不具备上涨基础，那么，是什么原因导致了当前煤价止跌回弹？

印尼突然限制煤炭出口，是诱发当前煤价上涨的直接原因之一。据统计，近年来我国从印尼年均进口煤炭量保持在1.9亿吨左右，与国内40亿吨的煤炭消费量相比，印尼煤似乎对国内煤炭市场影响并不大，但其限制出口产生的传导效应不应被忽视。数据显示，印尼煤占我国东南沿海地区从海上调入煤炭总量的两成左右，也就是说，印尼限制煤炭出口后，会对沿海地区煤炭消费产生较大影响，沿海用煤大户势必转向内地煤炭市场调煤，这将对我国煤炭产能、铁路及港口运能提出更高要求，引发市场波动。

除了印尼限煤出口影响市场预期外，需求回升也是导致煤价上涨的重要原因。笔者查阅数据显示，目前沿海八省份电煤库存保持在 3000 万吨以上，处于历史较高水平，但随着新一轮寒潮降温的到来，电煤日消耗量将随之增加，企业及时补充电煤库存的愿望有所增强。此外，气象部门预测今年一二月份气温或较往年偏低，这意味着市场热电需求将有所增加，对近期煤价上涨预期形成了一定支撑。

不过，结合当前运输、通关等客观因素，印尼本月初实施的限制煤炭出口政策，预计最快要到本月底或下月初才会对国内市场产生影响，而彼时正值农历春节期间，沿海工业企业大多处于用煤淡季，火电用煤日耗量也相应减少，如果再叠加印尼煤炭出口的逐步放开，预计煤价上涨势头将在本月中旬迎来回调拐点。

从中长期看，煤价也缺乏持续上涨的支撑。去年出现的煤荒问题目前已得到有效缓解，特别是近期煤炭产量依然保持在高位，市场正总体步入总量过剩、结构性紧平衡的阶段。在今春供暖季结束前，煤炭保供稳价政策大概率会延续下去，整体上带来了煤炭库存的有效积累。

从供需关系看，在“双碳”目标引领下，光伏、风能等新能源对传统能源的替代效应将逐步释放，未来对煤炭的需求增速或呈下降态势；在供给端，随着前期煤炭优质产能释放和达产，后期国内煤炭供应将出现增量，煤炭结构性供给不平衡有望趋向缓解。

值得一提的是，历经去年煤炭“保卫战”后，在如何更好运用政府“有形之手”、发挥市场“无形之手”作用等方面，我们积累了较为丰富的治理经验，特别是在强化风险管控、确保能源安全稳定供应、促进煤炭行业深度转型发展上，有了更深刻的认识，构建了灵敏有效的应对机制。可以预见的是，未来煤炭价格出现大幅波动的可能性较小，煤炭行业发展也将在变中行稳、加快转型。

（刊发于 2022 年 1 月 14 日时评版）

网络平台拆掉“围墙”活力增

日前，百度携手美团、小红书、顺丰、携程、知乎、同程、猫眼、58 同城等十余家企业共同宣布，将以虎年春节为起点，在流量、技术、服务生态三大层面开启互联互通深度合作。

对于消费者和互联网企业来说，这是一个双赢之举。作为普通消费者，互联网企业之间的深度合作，意味着更加多元的应用场景和更加顺畅的用户体验；对于互联网企业自身而言，拆除人为设置的技术“围墙”虽是一小步，但或将是互联网行业迈向高质量发展的关键一步。

近年来，移动互联网平台间存在着一堵“看不见”的围墙，一些平台上的链接无法分享到其他平台。说到底，这是某些互联网平台企业借助自身垄断性流量优势，提高外链技术门槛，以选择性导流达到抵御和限制竞争的目的，意图实现其商业利润最大化。

从互联网演变进程看，“围墙”是互联网经济发展到一定阶段的产物。在互联网巨头确立主导甚至垄断地位之前，互联网领域基本上处于自由竞争状态。随着移动互联时代的到来，互联网巨头们进入了加剧竞争的新阶段，“围墙”一度成为相关企业谋求竞争优势的“护城河”，甚至被认为是具有战略意义的竞争工具。也正因为此，以“围墙”为特征的互联网企业竞争在近十多年里日益加剧，同时手段方式也愈加隐蔽。

然而，互联网是数字时代最主要的基础设施之一，“围墙”的出现，实际上是对互联网所代表的公共性利益的一种漠视，获利的或许只是极个别企业，最终损害的还是互联网行业的整体利益。换言之，“围墙”的存在，保护的只是少数头部企业的利益，如果强势流量平台一味地追求封锁或拒绝接入其他公司链接，很可能会让那些互联网新生企业丧失发展活力，最终削减的还是全行业的发展后劲。

当前，我国互联网行业发展正面临着流量红利退潮、后续增长乏力的困局，打破信息孤岛、开放平台生态，是化解相关困局的关键一招。此次十余家企业开展深度合作，主动拆掉“围墙”实现互联互通，应该说迈出了打造共赢新生态的重要一步，对于推动平台经济持续平稳发展意义重大，也为未来真正实现互联互通打下了坚实基础。

需要指出的是，消除壁垒、互联互通，是互联网行业发展的大势所趋。针对“围墙”问题，有关部门去年还启动了对互联网行业屏蔽外链行为的集中整治，总体看效果是明显的，但离各方预期目标仍有一定差距，仍需各方加强共识、加倍努力。当然，拆除“围墙”可能会给部分企业带来阵痛，但其发展方向和战略路径是清晰的，“拆墙”红利也会在后续发展中持续释放。事实终将证明，只有拆掉“围墙”，互联网行业发展才会重拾活力，才能推动形成更加健康多元的互联互通生态。

（刊发于 2022 年 1 月 21 日时评版）

靠什么打破外贸发展“天花板”

可能连业内人士也没想到，在新冠肺炎疫情全球蔓延的背景下，中国外贸 2021 年“一骑绝尘”，进出口规模一年之内连跨 5 万亿美元、6 万亿美元两大台阶，达 6.05 万亿美元，创下了历史新高，仅去年的外贸增量就达到了 1.4 万亿美元。

很多人对数字无感，殊不知，这 1.4 万亿美元的外贸增量，就已超过了世界上绝大多数国家的 GDP 总量，接近韩国 2020 年 1.63 万亿美元的 GDP 总量。从已公布的数据看，中国稳居全球货物贸易第一大国的地位已无悬念，但也要清醒地认识到，外贸在规模、增速双双创新高的同时，也意味着中国外贸正面临着发展的“天花板”。在近期国新办新闻发布会上，商务部有关负责人更是公开发出预警，“今年外贸稳增长的困难和压力将前所未有”。

这样的判断是有依据的。

从需求端看，今年外需增长面临两大不确定因素，一是疫情反复导致全球经济复苏进程受阻放缓，二是区域经济复苏的不均衡性导致全球系统性风险加大。世界银行最新一期《全球经济展望》预测，全球经济增长将由 2021 年的 5.5% 放缓至今年的 4.1%，世贸组织预计全球货物贸易量增速也将由 2021 年的 10.8% 放缓至 4.7%。此外，受“疫苗鸿沟”、部分国家刺激政策退出过快等影响，发达经济体与其他地区在经济复苏上的差距不断拉大，由此引发的需求萎缩、价格波动等，将对我国外贸企业生产运营带来影响。

从供给端看，全球产业链供应链运行同样“危机四伏”，一方面，国际供应链加速重构，部分发达经济体追求制造业回归，一定程度上影响了资源全球配置的效率；另一方面，全球供应链紊乱及其传导效应在短期内难以彻底缓解，诸如大宗商品价格持续走高、航运“肠梗阻”、芯片等重要元器件短缺等问题，推高了外贸企业的综合运营成本，“有单不敢接”“增收不增利”等现象可能会有所加剧。

不过，有利因素也在不断积累，特别是中国经济良好的基本面和长期向好的发展趋势，有助于稳定市场预期。对于中国外贸而言，坚持稳字当头、稳中求进，在推动量的合理增长的基础上，更加注重质的稳步提升，当是今后一段时期外贸发展的重要任务。从外贸自身规律看，今年外贸有望继续保持一定的增长惯性，对此我们既要有信心也不能掉以轻心，既要未雨绸缪、提前部署，更要靠前发力、精准施策，在保订单、稳市场的基础上，推动外贸尽快突破发展的“天花板”。

基于对外贸发展形势的科学研判，决策层目前已从多个维度对促进外贸高质量发展进行了部署。国务院办公厅日前印发了《关于做好跨周期调节进一步稳外贸的意见》，从稳规模、稳链条、稳动能、稳主体四个方面进行跨周期部署，强调从挖掘进出口潜力、加快“海外仓”等新型贸易设施建设、稳定畅通外贸供应链产业链、支持外贸企业发展等方面持续发力。海关总署在启动“2022 年促进跨境贸易便利化专项行动”的基础上，今年还将出台新的外贸促稳提质行动举措。商务部则把今年确定为“外贸巩固提升年”，将通过一系列精准举措来提升外贸综合竞争力。

需要指出的是，当前我国外贸政策工具箱“弹药”充足，稳外贸跨周期调节的手段也较为丰富，无论外部环境如何复杂多变，只要我们保持好宏观政策的连续性与跨周期政策的有效衔接，解决好外贸稳增长与防风险之间的平衡性问题，我国外贸就一定能够打破“天花板”，继续保持“稳”与“进”的总体态势。

（刊发于 2022 年 1 月 28 日时评版）

电力市场建设需完善顶层设计

2022年是我国开展新一轮电力体制改革的第七年。近日，国家发展改革委印发《关于加快建设全国统一电力市场体系的指导意见》，要求加快形成统一开放、竞争有序、安全高效、治理完善的电力市场体系，并明确提出将在2025年、2030年分两个阶段推进全国统一电力市场建设。作为我国电力体制改革的核心环节之一，此次全国统一电力市场建设按下“快进键”，标志着我国电力市场化改革又迈出了关键一步。

近年来，我国电力市场体系建设得到稳步有序推进，多元主体市场竞争的格局初步形成。最显著的变化是，市场化交易电量大幅提升。有统计显示，2021年全国市场化交易电量达3.7万亿千瓦时，这一数字差不多是2015年的近7倍，特别是以山西为代表的首批电力现货试点地区，已实现了现货市场长周期的连续运行，市场在电力资源优化配置中的作用显著增强。

不过，去年下半年部分地区出现的“拉闸限电”“有序用电”现象，至今让不少人无法释怀。从表面上看，电力供应偏紧是导火索，但从根本上看，煤电价格倒挂才是主因，而煤电“顶牛”之所以长期得不到解决，原因之一就是煤价与电价之间缺乏有效的传导机制。

事实上，上述现象的出现绝非偶然。随着新一轮电力体制改革的推进，一些深层次问题逐步凸显，电力行业发展不可避免地要直面市场体系不完整、功能不完善、交易规则不统一、跨区域交易壁垒等现实矛盾。破解上述问题，必然要从更高层面去统筹规划、完善顶层设计，在更大范围内实现电力资源的共享互济和优化配置。

与此同时，随着碳达峰、碳中和目标全面融入经济社会发展的方方面面，通过全国统一电力市场建设来推动能源低碳转型，也是电力行业高质量发展的内在要求。未来，我国加快构建新能源为主体的新型电力系统，需要进一步提高风能、太阳能等清洁能源的渗透率，而我国清洁能源主要集中在“三北”地区，受区域电网负荷强度限制，其整体消纳程度不高，“弃电”现象时有发生。在此背景下，加快全国统一电力市场体系建设，有助于通过市场价格信号引导清洁能源的科学布局、高效利用，有助于调动市场各方积极参与到促进清洁能源和电力系统供需平衡中去，助力“双碳”目标实现。

从国际经验看，统一的电力市场会有效促进电力资源配置不断优化升级，在电力市场化交易规模稳步增长的基础上，将会推动市场交易走上更加规范的发展轨道，从而对电力行业整体发展形成正向作用。但也要看到，我国电力市场改革已从向欧美国家学习借鉴的初级阶段，转向了深化改革创新的探索阶段，未来改革所面对的可能不仅仅是深水区，甚至还会是无人区，对此须提前做好准备，结合我国国情，因地制宜抓创新、谋发展。

需要指出的是，电力关系国计民生，可谓牵一发而动全身，但无论电力多么重要，它归根结底仍是一种商品，仍需要遵循电力运行的客观规律和市场经济的发展规律。一方面，要在确保电网安全稳定运行的前提下，尽可能地还原其商品属性，通过发挥价格信号灯作用，形成有利于成本疏导的价格传导机制；另一方面，要打破电力行业现有的路径依赖和利益壁垒，更好地发挥其对经济社会高质量发展的支撑作用，这不仅是全国统一电力市场建设的目标指向，也将是电力体制改革的重要方向。

（刊发于 2022 年 2 月 11 日时评版）

“东数西算”事关经济社会发展大局

春节年味尚未散去，各地已频频传来重大项目集中开工的好消息。其中，“东数西算”工程的全面启动更是令人为之一振。

很多人还清晰记得，一段时期以来，在“新基建”概念的加持下，数据中心建设变得炙手可热，一些地区“一哄而上”，各种“大数据中心”遍地开花，引发了市场对于数据中心重复建设与投资泡沫的担忧。针对上述苗头，国家发展改革委等四部门在去年5月联合印发了《全国一体化大数据中心协同创新体系算力枢纽实施方案》，明确提出建设全国一体化算力网络国家枢纽节点，加快实施“东数西算”工程，提升跨区域算力调度水平。

经过大半年的筹备推进，京津冀、长三角、粤港澳大湾区、成渝和内蒙古、贵州、甘肃、宁夏8地算力网络国家枢纽节点建设方案近日正式获批，10个国家数据中心集群也同步启动。至此，全国一体化大数据中心体系完成总体布局，“东数西算”工程正式全面启动。

对于这个事关经济社会发展大局的重大基础性工程，各方给予高度关注。事实上，数据作为新一代生产要素，已被提升到国家战略资源层面加以规划利用，而代表着数据处理能力的算力，就如同农业时代的水利、工业时代的电力，不仅成为数字时代的核心生产力，也是市场上“家家户户”离不开的重要资源。

正因为此，加快算力建设，将有效激发数据要素创新活力，催生新技术、新产业、新业态、新模式，支撑经济社会高质量发展。特别是“东数西算”有助于发挥不同区域的比较优势，促进东西部数字经济协调发展。这也是实施“东数西算”工程的目的之一。有专家形象地将“东数西算”类比为数字时代的“南水北调”“西电东输”，应该说是恰当的、符合我国发展实际的。未来，充分发挥我国体制机制优势，将东部算力需求有序引导到西部来，同时让西部的算力资源更充分地支撑东部数据的运算，更好赋能数字化发展。

从长远来看，“东数西算”工程在夯实我国数字经济发展“底座”的基础上，将产生一系列溢出效应。首先，8 个算力枢纽一体化布局将带来集约效应。“东数西算”工程实现了数据中心全国一体化布局，整体上扩大了算力设施规模、提升了算力使用效率，有助于算力的规模化、集约化发展；其次，实现了绿色发展的示范效应。算力枢纽西迁，可充分发挥西部区域气候、能源、环境等方面优势，促进可再生能源的就近消纳，通过数据、算力和能源的高效联动，为新型基础设施绿色、低碳和可持续发展提供示范；再次，有助于发挥区域经济增长的协同效应。算力设施由东向西布局，将带动相关产业有效转移，促进东西部数据流通、价值传递，在延展东部发展空间的同时，为西部地区转型发展注入新动力。

此外，还要积极发挥“东数西算”工程对于扩大有效投资的带动作用。需要指出的是，实施“东数西算”工程，政府主要侧重于加强规划布局、完善配套保障，而算力枢纽及数据中心集群建设，需要更多地发挥市场主体的作用，特别是要利用好数据中心产业链条长、投资规模大、带动效应强的特点，推动产业链上下游企业集群发展。未来，相关枢纽节点及数据中心集群内，也应考虑布局一定的公共算力服务，面向政府、企业和公众提供低成本、广覆盖、可靠安全的算力服务，实现与市场化服务的错位互补、协同发展。

（刊发于2022年2月18日时评版）

“普惠养老”能破解养老焦虑吗

人口老龄化带来的中国式养老难题，是社会关注度较高的一个话题。特别是人口老龄化与工业化、城镇化、现代化进程相伴随，又叠加城乡差距、区域差距和收入差距，使得当下的养老问题变得格外复杂严峻。

前不久发布的《“十四五”国家老龄事业发展和养老服务体系规划》明确提出，“十四五”时期推动全社会积极应对人口老龄化格局初步形成，但这似乎并没有从根本上打消人们对未来养老问题的焦虑，毕竟从文字规划到真正落地还存在着诸多不确定因素。总体看，短期内解决好养老服务“买不到、买不起、买不好、买不安心”的问题，并非易事。

与其他国家相比，中国人口老龄化问题基数大、发展快，“未富先老”“未备先老”的特点，让中国养老服务的供需矛盾更为突出。有数据显示，发达国家是在人均 GDP 达到 5000 美元至 10000 美元时才进入老龄化阶段，而我国则在人均 GDP 仅为 1000 美元时就已进入，这意味着，无论是养老资金的投入还是基础设施的供给，均满足不了人口老龄化的需求。

对中国的养老需求进行分析，不难发现这是一个“枣核型”结构，位于两端的分别是富裕人群和困难人群：富裕人群的高端养老需求，可通过市场化方式解决；困难人群的养老需求，可以由政府的基本公共服务加以兜底。恰恰是处于枣核中部的老年群体，数量最多，处境也最为尴尬——高端养老院住不起，低端养老院不愿住，公办养老院则需要很长的排队周期。

之所以出现上述情形，根本原因仍是养老服务有效供给不足，特别是针对普通老年群体的普惠型养老服务方面，供给缺口更是庞大。对此，有关部门早在2019年初就启动了“城企联动普惠养老专项行动”，当年下达中央预算内资金14亿元，新增养老床位7万张。从数字上看，力度不可谓不大，但平摊到亿万级老年人口这个“分母”上，显然有些力不从心。

普惠养老能否真正破解中国民众的养老焦虑，现在下结论还为时过早，但从发展方向上看，决策层很重视，市场也有呼应。2021年11月发布的《中共中央 国务院关于加强新时代老龄工作的意见》明确指出，“大力发展普惠型养老服务，促进资源均衡配置”；《“十四五”国家老龄事业发展和养老服务体系规划》强调，“要织牢兜底性养老服务网，同时扩大普惠型养老服务覆盖面”，这些都为推广普惠养老夯实了基础。

与财政兜底的基本养老、完全市场化的高端养老相比，普惠养老更加强调构建一种面向社会大众、主要依靠市场供给且由政策引导的养老服务体系。它通过对养老服务价格的合理引导，最大程度地满足普通老年群体的养老需求。同时，普惠养老的另一大着力点是对社区养老服务机构的扶持培育。比如，通过运营家庭养老床位，将服务延伸至家庭；又如，推动乡镇、街道层面的区域养老服务中心与社区机构功能互补，共同构建“一刻钟”居家养老服务圈等。

要看到，仅靠公共财政唱“独角戏”，难以解决普惠养老的资金缺口。受回报周期长、回报率偏低等因素影响，普惠养老项目往往并不被产业资本青睐，而国内普惠养老金融市场也刚刚起步，尚未形成成熟的商业模式。在此背景下，推动普惠养老发展，一方面要格外强调对普惠服务能力的建设，另一方面要积极调动地方政府和企业尤其是国有企业发挥作用，努力在优质服务和合理价格之间寻求最大公约数。

（刊发于 2022 年 2 月 25 日时评版）

我们离“高收入国家”还有多远

近日发布的国民经济和社会发展统计公报显示，2021 年我国人均国内生产总值（GDP）80976 元，比上年增长 8.0%。按年平均汇率折算达 1.25 万美元，超过世界人均 GDP 水平。

按照世界银行 2020 年标准测算，当人均国民总收入（GNI）达 12696 美元时，就进入了高收入国家行列。2021 年，我国人均 GNI 约为 1.24 万美元，已接近高收入国家门槛。

人均 GDP/GNI 的高低，通常被用来反映一个国家的经济发展水平。无论是人均 GDP 超世界平均水平，还是人均 GNI 接近高收入国家门槛，均充分体现了新发展理念指引下我国经济高质量发展的成效，彰显了我国经济稳健增长的底气和实力。

不过，人均 GDP/GNI 与居民人均收入是不同的概念，现实生活中也常常被混淆。经济总量上去了，人均 GDP 会相应地提高，但因涉及社会财富的多次、多渠道分配，居民人均收入的增长可能并不那么明显，这也正是经济增长与个人实际感受之间存在“温差”的一个重要原因。

对一个国家发展水平作出客观评价，不仅要看其人均 GDP/GNI，还要看其国民生活水平、收入分配机制是否公平合理等相关指标。当前，我国虽有部分经济指标已接近高收入国家门槛，但我国人均

GDP 尚未达到高收入国家的下限标准，离发达国家的平均水平更是差距较大。这意味着，目前我国仍处于中等偏上收入国家行列，我们对此要有清醒的认识，不能有经济发展可以松口气、歇一歇的错误想法。

事实上，我国人口基数大、幅员辽阔的国情特点，决定了地区之间、城乡之间不均衡不协调的特征仍十分突出。统计显示，目前全国也只有北京、上海、江苏等 11 个省份的人均 GDP 超过全国平均值，其余大多数省份尚徘徊在平均值以下。进一步看，即便是在这 11 个省份内部，也有不少地市的人均 GDP 低于全国平均水平。比如，2020 年广东省 21 个地市中人均 GDP 超过全国平均水平的不过 5 个，山东省 16 个地市中也只有 6 个市的人均 GDP 超过全国平均水平。

显然，当下全国人均 GDP1.25 万美元的“蛋糕”，无论再怎么精细切分，也无法达到人们对于“高收入”的期望。对此，一方面，要继续做大“蛋糕”，通过深化供给侧结构性改革，畅通经济循环，以科技创新挖掘和激活经济潜在增长能力，推进产业基础高级化、产业链现代化，继而实现结构优化、质量改善和效益提高；另一方面，还要科学分好“蛋糕”，通过完善收入分配制度，持续缩小收入差距，以更均衡、更包容、更有质量的发展，助力共同富裕取得更大进展。

当前，我国正处于转变发展方式、优化经济结构、转换增长动力的重要阶段，也是我国跨越所谓“中等收入陷阱”的关键时期。百年变局叠加世纪疫情，发展不充分不平衡问题交织影响，给我国经济带来较大下行压力。但也要看到，我国经济长期向好的基本面没有改变，支撑经济稳定恢复的有利因素仍在不断积聚，只要发挥好我国经济韧性强、潜力大的优势，保持住战略定力，通过全国人民的共同努力，在不远的未来就一定能真正迈上更高台阶。

（刊发于 2022 年 3 月 4 日时评版）

制造业核心竞争力从何而来

今年全国两会上，有关制造业的话题热度不减，特别是“增强制造业核心竞争力”首次被写入政府工作报告，更是引发广泛关注。

制造业是立国之本、财富之源，是一个国家综合国力的体现。近年来，受全球产业链供应链运行不畅、部分核心环节和关键技术受制于人等影响，国内不少制造业企业面临着前所未有的风险和挑战。在此背景下，强化对制造业核心竞争力的提升，既是制造业自身高质量发展的内在要求，也是我国制造业参与国际分工合作的必然选择。

总体看，经过多年发展，我国制造业无论是经济总量还是结构质量，都取得了举世瞩目的成就，甚至被认为是世界制造业发展史上的奇迹。国家统计局数据显示，我国制造业增加值已连续 12 年位居全球首位，220 多种工业品产量居世界第一，是全球唯一拥有联合国产业分类中全部工业门类的国家。如今，“中国制造”不再是低质、廉价的代名词，而是逐步成为对全球产业链供应链影响最大的变量之一。

但也要看到，与世界工业强国相比，与工业高质量发展的要求相比，我国制造业发展还存在不少短板与弱项，有些还成为影响我国经济高质量发展的掣肘，正如一些来自制造业的代表委员所感慨的，

“我们不能在别人的地基上盖房子，工业经济的发展安全性要掌握在自己手里”。

稳增长首先要稳工业。当前，我国经济发展的外部环境更加复杂严峻，在需求收缩、供给冲击、预期转弱的三重压力下，我国经济发展面临的困难挑战明显增多。从去年底中央经济工作会议提出“提升制造业核心竞争力”，到今年政府工作报告强调“增强制造业核心竞争力”，充分表明了党中央、国务院对于振作工业经济、促进制造业高质量发展的决心和信心。

增强制造业核心竞争力，首先要把发展先进制造业摆在更加突出位置。先进制造业是制造业的发展方向，也是推进产业链现代化的关键之举。今年政府工作报告明确提出，加快发展先进制造业集群，实施国家战略性新兴产业集群工程。这意味着，要广泛应用先进制造技术、积极采用先进制造模式，着力构建具有竞争力的现代化产业链条，在重要领域和核心环节上确保关键时刻“不掉链子”。

增强制造业核心竞争力，还要兼顾存量优化与增量培育。当前，我国工业化进程尚未结束，产业链供应链仍处于中低端水平，但传统产业并不代表没有核心竞争力，要通过推动传统产业转型升级，特别是通过数字化赋能、绿色化转型等手段，进一步为优势产业“锻长板”。在制造业增量培育上，要加大对“专精特新”企业的扶持力度，发挥好“隐形冠军”和“单项冠军”对我国制造业由大变强的支撑作用。

需要指出的是，增强制造业核心竞争力有一个基本前提，就是要保持制造业比重的基本稳定。之所以要高度重视这一问题，是因为制造业不仅是国民经济的基础部门，也是维系宏观经济运行的重要“命脉”，只有制造业稳定了，就业才能实现平稳增长，实体经济发展才能不偏航。令人欣慰的是，2021 年我国制造业增加值占国内生产总值的比重达 27.4%，同比提高 1.1 个百分点，这是近十年来制造业比重持续下降后的首次回升。这些积极变化，将有助于稳定制造业发展预期，夯实制造业提升核心竞争力的基础。

（刊发于 2022 年 3 月 11 日时评版）

谨慎乐观看待宏观数据超预期

在国内新冠肺炎疫情多点散发、稳增长面临更多不确定因素的情况下，今年前2个月主要宏观数据的超预期表现，给初春里的中国经济带来了阵阵暖意。

国家统计局日前发布的数据显示，今年前2个月，工业增加值、固定资产投资、社会消费品零售总额等主要经济指标全面回升。与此同时，物价、就业等保持总体稳定，国际收支基本平衡，经济内生动力有所增强，为全年经济良好开局奠定了基础。

在主要经济指标超预期的同时，也要看到，2月份金融数据在总量与结构上均呈转弱态势。央行数据显示，2月份，金融机构新增人民币贷款、社会融资规模增量等主要数据同比减少，特别是在新增人民币贷款中，企业中长期贷款需求疲弱，居民中长期贷款甚至出现了首次同比转负。

对于宏观指标与金融数据之间的“落差”，市场各方看法不一。但综合来看，前2个月，中国经济确实呈现出明显的复苏迹象，工业生产、投资等领域市场表现亮眼，但结构性压力依然较为突出，需求不足仍是困扰经济恢复增长的主要因素之一。考虑到当前地缘冲突加剧、大宗商品涨价、美联储加息等制约因素的影响，对宏观数据超预期表现须保持谨慎乐观的态度。

客观地看，当前我国宏观经济回暖，主要还是来自于生产端需求指标的回升。比如，全国规模以上工业增加值同比增长 7.5%，高于 2021 年 12 月增速，也高于 2021 年两年平均增速；固定资产投资同比增长 12.2%，较 2021 年全国固定资产投资 4.9% 的增速，增长了 7.3 个百分点，涨幅之大为近年来少见。这背后离不开市场主体的努力，但与宏观政策的靠前发力同样密不可分。不过，政策靠前发力能否带来经济的持久增长，未来还有待观察。

得益于春节、北京冬奥会以及电商促销等因素带动，前 2 个月社会消费品零售总额同比增长了 6.7%，较上年 12 月份上升了 5 个百分点。但随着节庆消费的淡化，特别是近期疫情对多地经济形成拖累，市场普遍对消费未来增长表示出担忧情绪，前 2 个月消费强劲复苏的局面短期内大概率难以维系。

当前有人担忧，经济数据的“开门红”，会不会让决策层对稳增长政策产生动摇，落实力度或会减弱？恰恰相反，经济回暖反而印证了当前宏观政策的有效性和必要性。事实上，进入 3 月以来，我国经济面临的困难逐步增多，成本传导对制造业企业形成新的压力，就业压力持续加大等因素在客观上需要稳增长政策再发力。一方面，面对来之不易的积极态势以及潜在的风险因素，扩张性宏观政策须尽快落地，让经济复苏的趋势更加稳健；另一方面，要继续创新和丰富政策工具箱，在做好政策储备的同时，力求宏观政策的连续性与跨周期政策更有效地衔接。

近期，从全国两会到国务院常务会议部署《政府工作报告》重点任务分工，都对稳增长提出了较高要求。值得关注的是，3 月 16 日，国务院金融稳定发展委员会召开专题会议，强调保持经济运行在合理区间，保持资本市场平稳运行。会议关于“切实振作一季度经济，货币政策要主动应对”“积极出台对市场有利的政策，慎重出台收缩性政策”等提法令人期待，也向市场传递出进一步稳增长的决心。

（刊发于 2022 年 3 月 18 日时评版）

用好新型城镇化这个战略引擎

继南京、福州、成都等都市圈发展规划印发实施后，《西安都市圈发展规划》日前正式批复发布。此前，《长江中游城市群发展“十四五”实施方案》也在全国两会期间公布。一系列城镇化空间布局规划近期密集发布，引发各方广泛关注。

以城市群为主体、大中小城市和小城镇协调发展，是我国新型城镇化布局的重要体现。近年来，我国城市群一体化发展水平持续提高，都市圈同城化建设步伐稳健，县城补短板、强弱项工作扎实推进，这从铁路网络密度指标上可见一斑：目前，全国铁路网对20万人口以上城市覆盖率达99.1%，“八纵八横”高铁网对50万人口以上城市覆盖率达89.9%。

不仅如此，还有两组新型城镇化数据值得关注。一组是常住人口城镇化率和户籍人口城镇化率。2021年，这两个城镇化率分别达64.72%和46.7%，较上一年分别提高了0.83个和1.3个百分点，这是“十三五”以来上述两个城镇化率首次缩小差距。户籍人口城镇化率增幅更大，意味着农业转移人口市民化进程在加快。另一组数据是城乡居民收入比。新型城镇化的快速推进和农业农村改革的走深走实，让乡村生产生活条件持续改善。具体到全国城乡居民收入比上看，这一数值从2020年的2.56降至2021年的2.50，表明城乡融合发展迈出了新步伐。

新型城镇化带来的变化，还更多地体现在城乡居民的切身感受中。比如，农民工就业服务和技能培训更便捷了，随迁子女在常住地接受义务教育更有保障了，住院费用跨省直接结算的医疗机构数量更多了，等等。

当前，我国城镇化已处于快速发展的中后期，正在转向全面提升质量的新阶段。尽管如此，城镇化作为通向现代化的必由之路，仍是我国最大的需求潜力所在，依然蕴含着强劲的发展动能。今后一个时期，要坚持以人为核心的新型城镇化，通过不断提高新型城镇化的质量和效率，充分发挥其对推动经济社会平稳健康发展、构建新发展格局、促进共同富裕的积极作用。

促进农业转移人口市民化，是新型城镇化的首要任务。实现这一目标，就要着力提高农业转移人口市民化质量，促进有能力在城镇稳定就业生活的常住人口真正融入城市中。要畅通传统农业转移人口举家进城落户渠道，统筹推进户籍制度改革及各项配套改革落地，推动城镇基本公共服务均等化。同时，要进一步加大中央财政市民化奖励资金支持力度，推动省级财政建立市民化奖励资金，支持吸纳跨市域农业转移人口落户多的城市。

城市群是新型城镇化的主体形态，要依托城市群和都市圈建设，促进大中小城市的协调发展。一方面，要在尊重城市发展规律的前提下，不断提升城市群和都市圈的承载能力，推动特大城市、超大城市转变发展方式，形成多中心、多层级、组团式发展格局；另一方面，要大力推进以县城为载体的城镇化建设，支持一些条件好的县城重点发展，促进特色小镇规范健康发展，更好地满足新型城镇化过程中的生产生活需要。

需要指出的是，即便我国基本实现了城镇化，仍将有 4 亿左右的人口生活在农村，缩小城乡发展差距和居民生活水平差距，需要在促进城乡要素双向自由流动和公共资源合理配置等方面继续深化改革、加强探索，通过以城带乡、以工补农，让更多的小农户与大市场有效衔接起来，推动新型城镇化迈向更高质量的发展。

（刊发于 2022 年 3 月 25 日时评版）

全力为市场主体纾困解难

3月以来，新一轮新冠肺炎疫情波及我国多个省份，一些城市按下“慢行键”，给正在修复的中国经济增添了新变数。

面对疫情带来的扰动，各地各部门一手抓精准防控，从严从实做好疫情处置，一手抓复工复产，全力稳住经济基本盘。继2月中旬中央多部门出台一系列纾困政策后，深圳、上海、天津、广东、湖南等地近期也陆续出台了税费减免、价格补贴、金融支持等政策举措，全力为广大市场主体纾困解难。

回顾两年多来与疫情较量的不同阶段，有关部门科学研判、及时出手，打出了从跨周期调节到减税降费、金融支持等纾困“组合拳”，帮助企业应对冲击渡过难关。总体看，这些政策的效果是明显的，也成为过去两年我国经济仍能保持较高增速的原因之一。不过，本轮疫情较以往有所不同，出现了隐匿性强、传播速度快、波及面广等新特点，有必要对之前的纾困政策进行适当优化调整，让广大市场主体能真正降成本、得实惠、稳信心。当前做好助企纾困工作，应至少把握好以下三个重点。

首先，助企纾困要更加注重分类施策、精准“滴灌”。去年以来，我国经济运行面临需求收缩、供给冲击、预期转弱三重压力，叠加地缘政治冲突，给我国发展的外部环境带来了更多不确定性。面对挑战，全国上下齐心协力，农业生产基本上恢复到了疫情前水平，工业也基本接近了疫情前水平，但受冲击最严重的服务业，至今只恢复至疫情前的七成左右。对此，国家发展改革委等14部门出台的纾困政策，已从普惠性纾困扶持、行业性扶持纾困、精准疫情防控三个方面进行了分类施策，但各地在落实国家“规定动作”的同时，更要结合当地发展实际，加快对“自选动作”的细化实化，因地制宜提供精准“滴灌”，让好政策能落到实处，成为帮助企业解渴的“及时雨”。

其次，助企纾困要更加注重稳字当头、“链”上发力。产业链、供应链对于中国经济的分量不言而喻，打开每一条链，都是由无数中小企业在默默地做着支撑，维护着产业链供应链的安全稳定。疫情发生以来，不少中小企业生存发展遇到很大挑战，下一步，各地各部门要积极在“链”上发力，从纾困和培优两方面着手，协同打通上下游的堵点、卡点、痛点。在纾困方面，应继续推动新的组合式税费支持政策落地实施，让留抵退税的真金白银直达企业、惠及一线生产。在培优方面，应培育更多国家级“小巨人”企业，让支持“专精特新”的政策贯穿到中小企业发展成长全过程。

再次，助企纾困要更加注重凝聚共识、形成合力。面对疫情反复带来的冲击，市场主体各有各的难处，但疫情之下没有旁观者，更没有局外人。从政府层面看，坚持问题导向、需求导向、结果导向，全力帮助广大企业应对困难挑战，是当前工作的重中之重，但帮扶困难企业不单是政府的职责，也是社会各方面的责任。正如李克强总理在今年全国人大会议闭幕后的记者会上所说，如果等苗枯旱透根了，再帮他们就来不及了。对此，广大市场主体应充分凝聚共识，坚守对社会的责任、对行业发展的使命担当，上下齐心，携手形成共克时艰的强大合力，让纾困工作有力度也有温度。

（刊发于2022年4月1日时评版）

专项债优化提速须用好“三力”

用好政府债券扩大有效投资，是带动消费扩大内需、促就业稳增长的重要举措。近日召开的国务院常务会议提出，在保持宏观杠杆率基本稳定的原则下，应发挥积极财政政策的作用，提高政府债券效率，提振经济增长信心。

作为宏观调控和投资引导的重要工具之一，政府债券特别是地方政府专项债持续发挥着稳增长、补短板、调结构的重要作用。截至3月31日，今年新增专项债已发行1.32万亿元，已完成提前下达额度1.47万亿元的89.7%、全年新增额度3.65万亿元的36.1%。总体看，发行节奏的整体前置，以及后续发行速度的进一步加快，有助于尽快形成有效实物投资，促进稳增长效果尽早显现。

在专项债发行加速的同时，也要看到，诸如资金使用效率不高、项目收益偏低、撬动社会资本力度不够等问题依然存在，未来，应在稳定市场预期的基础上，统筹兼顾专项债投资效率提升和风险防控，推动专项债管理进一步规范化、精准化，更好地发挥政府债券的乘数效应。

管理发力，提高专项债使用效率。今年专项债的额度继续保持在高位，凸显了中央稳增长的决心，后续关键在于提升专项债的使用效率。从以往使用情况看，一些地方存在资金运行不规范、投向领域不合规、资金沉淀闲置等问题，不仅影响了专项债带动有效投资作用的发挥，而且累积了财政金融风险。从去年三季度国务院第八次大督查反馈的情况看，专项债资金闲置、被挤占挪用的问题依然较为普遍，专项债“重发行、轻管理”的现象尚未得到根本扭转。对此，国务院常务会议强调，要加强专项债资金管理，防止沉淀闲置。各地不妨建立专项债支出进度台账，按月汇报专项债使用进度，对使用进度偏慢的地区实施预警，从而为提高专项债使用效率构建起常态化管理机制。

目标聚力，强调资金跟着项目走。之所以强调资金跟着项目走，核心是促进债券的发行能够直接对应于相关投资，以确保专项债的风险可控。去年以来，财政部门加强了对地方政府专项债资金使用绩效考核的力度，一些无法实现稳定现金收益的项目，审批难度加大甚至无法获批，客观上加大了专项债的发行难度。因此，新增专项债额度应考虑向债务压力较小、偿债能力较强且项目储备较多的地区倾斜。同时，鉴于部分地方经济发展尚未完全修复，专项债在投向上应进一步明确和优化。此次国务院常务会议要求，地方专项债资金要聚焦交通基础设施、能源、农林水利、生态环保、社会事业、城乡冷链等物流基础设施、市政和产业园区基础设施、国家重大战略项目、保障性安居工程等九大方面，严禁违规兴建楼堂馆所、形象工程。

改革助力，实现政府投资和社会资本的共赢。“花小钱办大事”是提高政府资金使用效率的一个重要方向。有机构测算，今年新增专项债 3.65 万亿元，理论上可拉动超过 6 万亿元的基建投资。要想更好地发挥专项债“四两拨千斤”的作用，就要善于运用改革的举措、市场的办法，吸引更多社会资本投入。比如，此前允许专项债作为项目资本金的做法，就进一步放大了其对于社会资本的撬动效应。类似这样的改革，力度不妨更大一点，举措不妨更多一些。当然，在强调深化改革的同时，也要继续挖掘有潜力有收益的“补短板、强弱项”项目，用不断优化的营商环境对冲地方财政的持续承压，让更多的社会资本敢投、能投、愿投。

（刊发于 2022 年 4 月 8 日时评版）

外贸稳增长有坚实基础

在国际环境更趋复杂严峻、一些突发因素超出预期的背景下，稳外贸已成为我国稳增长的重要支撑。海关总署日前公布的数据显示，一季度，我国外贸进出口同比增长 10.7%，连续 7 个季度保持同比正增长，实现了来之不易的“开局稳”，为实现全年进出口目标打下了较好基础。

一季度外贸保持平稳开局，离不开我国宏观经济的坚实支撑。近年来，我国统筹经济社会发展和新冠肺炎疫情防控一直保持全球领先地位，产业链供应链平稳运行，再加上我国工业生产体系完备、配套优势明显，为外贸发展夯实了基础。

一季度外贸保持平稳开局，离不开一系列助企纾困政策的持续发力。今年的《政府工作报告》提出，实施新的组合式税费支持政策，预计全年退税减税约 2.5 万亿元。有关部门还加强跨周期调节力度，采取加大金融支持、疏导物流瓶颈等有力举措，稳定外贸增长。

在近期国务院常务会议接连两次对稳外贸作出部署后，4 月 2 日国务院再次召开外贸形势座谈会，强调要加强对外贸形势的分析研判，坚持稳字当头、稳中求进，千方百计完成中央经济工作会议确定的稳外贸目标任务。

中央层面对稳外贸工作的重视，在一定程度上反映出当前我国外贸发展所面临的风险与挑战。特别是进入 3 月以来，疫情在国内多点散发以及俄乌冲突持续发酵，对部分外贸企业生产经营及供应链稳定带来了较大压力。部分外贸产业链上的堵点、卡点从外循环转到了内循环，其带来的负面影响已直接体现在月度数据的变化上——3月当月，进出口增速整体均有所回落。

不过，我国外贸进出口自2020年第三季度起连续7个季度实现同比正增长，表明我国外贸韧性强、潜力大的优势仍然存在，外贸实现平稳增长仍具有坚实基础。有市场机构预测，尽管外部环境不确定性不稳定性因素增加，我国外贸增幅可能有所降低，但整体有望继续保持较快增长势头。

情况越是复杂，越要求我们未雨绸缪、积极应对。一方面，要密切跟踪形势、准确分析研判，加强对外贸领域重大问题和风险的分析研究，促进已出台的各项利好政策措施落实落地；另一方面，要把加强和改进对外贸企业的服务放在更重要的位置，帮助广大市场主体积极应对生产经营中遇到的新情况、新问题，不断激发外贸企业的市场活力。这方面，我们已经尝到甜头。据统计，一季度，我国有进出口实绩的外贸企业数量达43.2万家，同比增长5.7%，民营企业进出口增长14.1%，较外贸整体增速高出3.4个百分点。

在稳定市场主体、稳住外贸基本盘的同时，需要更加重视外贸增长的质量和效率，提升我国外贸参与国际价值链分工与竞争的能力。客观地看，当前影响我国外贸发展的有利与不利因素都不少，但最根本的一条是，我国经济韧性强、潜力大、长期向好的基本面没有改变。对此，我们既要正视当前的困难挑战，也要坚定未来外贸稳增长的信心，把减税降费等政策落实到位，把金融保险等惠企举措用足用好，把贸易便利化措施抓实抓细，把创新发展放在更加突出的位置，推动外贸迈向更高水平、更高质量的发展。

（刊发于2022年4月15日时评版）

警惕对建设统一大市场的认识误区

近日，《中共中央 国务院关于加强建设全国统一大市场的意见》（以下简称《意见》）正式印发，“全国统一大市场”迅速成为社会热点话题。有专家学者从理论视角对如何建设统一大市场进行解读，也有市场主体从产业维度对加强建设统一大市场提出建议，还有消费者从切身感受出发表达了对统一大市场的期盼。

各方关注度如此之高，一定程度上反映出建设全国统一大市场的必要性和迫切性。与此同时，我们也注意到，社会上对于统一大市场的认识仍存有不同声音，特别是对于统一大市场的内涵、目标及实现路径存在理解误区，有必要对一些不准确甚至是错误的观点进行纠偏。

“建设全国统一大市场，意味着计划经济的回归”是一个比较有代表性的错误观点。持这种观点的人认为，建设全国统一大市场中的“统一”，就是重新用统一的中央计划来主导市场。显然，这是简单地把“统一”与“计划”画了等号。

事实上，建设全国统一大市场，不仅与计划经济没有任何关系，恰恰相反，其初衷正是要打破各种壁垒，比如企业之间的规模壁垒、地区之间的区域壁垒以及各种隐性制度壁垒等，通过打通制约经济循环的关键堵点，促进要素资源在更大范围内畅通流动。换言之，推动统一大市场建设是深化市场取向的改革。

不仅如此，建设全国统一大市场还是建设高标准市场体系、构建新发展格局的基础支撑和内在要求。党中央审时度势提出加快构建以国内大循环为主体、国内国际双循环相互促进的新发展格局，一个基本前提就是要拥有一个全国性的、统一的大市场，而不时发生的“肠梗阻”带来的市场扭曲和效率低下，只能让我国超大规模市场优势和效力大打折扣。

当前，我国区域发展客观上存在着不均衡、不协调的情况。对此，社会上存在一种担忧：建设全国统一大市场，是否意味着在统一的市场标准和规制下，地方政府就可以“躺平”？

在我国，地方政府的主要职责就是要保民生、保就业，同时通过增加财政收入来提高公共服务能力。但各地发展的自然禀赋不同，基础条件也各不一样，建立统一大市场既不会一蹴而就，也不会齐头并进，如果在各地简单地套用一套制度体系甚至搞“一刀切”，不仅会让一些地方“削足适履”形成伤害，还会导致部分地区失去创新发展的动力。这显然不是各方愿意看到的。

在市场经济条件下，真正的区域竞争应该是建立在统一市场规则和监管标准下的竞争。基于上述考虑，《意见》明确提出了“优先开展区域市场一体化建设”的要求，强调在维护全国统一大市场的前提下，结合京津冀、长三角、粤港澳大湾区等区域重大战略的实施，推动先行先试并形成可复制推广的制度成果。这意味着，要避免通过市场分割、地方保护来强化区域之间的竞争，同时要通过加快推动全国统一大市场建设，促进地方政府转换观念，更加重视在比较优势的发挥中找到突破口，更加重视在优化营商环境过程中激发市场活力。

当前外部环境更趋复杂严峻和不确定，我国经济面临新的下行压力，中央把稳增长放在更加突出的位置上，许多工作均强调要“先立后破”。恰恰在建设全国统一大市场上，文件明确提出了“立破并举”的工作原则，这充分体现了中央层面用改革的“破”为经济的“立”与“稳”保驾护航的决心和信心。推动全国统一大市场建设，难免会遭遇某些阵痛或挫折，但只要我们凝聚共识、形成合力，就一定能按照既定的目标稳步前行。

（刊发于 2022 年 4 月 22 日时评版）

地方经济迎难而上潜力大

继国家统计局公布今年一季度主要经济数据后，各省份近期也陆续发布了地方经济“一季报”。从各地已发布的数据看，我国经济韧性强、长期向好的基本面并未改变，但一些突发的超预期因素的出现，还是给地方经济带来了扰动和挑战，这在一季度地方经济数据的变动中有所体现。

经济增速“东降北升”，南北差距呈收缩态势，是一季度地方经济运行的一个明显变化。

除新疆、西藏、吉林三省尚未公布数据外，目前已公布数据省份的 GDP 均实现了正增长，这表明我国经济恢复发展的态势仍在延续，而受新冠肺炎疫情反复、国际地缘冲突、全球加息预期及大宗商品价格上涨等因素影响，东部一些经济强省的经济增速有所回落，而北方部分省份经济增幅超出市场预期。这背后，能源价格大幅上涨是重要原因之一。

以煤炭为例，过去一年，国际煤价涨了约 3 倍，国内煤价也持续高位运行。对于山西、内蒙古这两个煤炭年产量超 10 亿吨的省份来说，地区经济总量自然也水涨船高。据统计，一季度这两个能源大省的名义增速超过了 20%，而青海、宁夏、甘肃等能源省份的名义增速也全部超过了 10%。

从实际增速看，一季度全国共有 7 个省份 GDP 增长超 6%，分别为江西、福建、湖北、贵州、山西、湖南、海南。值得关注的是，江西以 6.9% 的 GDP 增速位列全国第一位，而去年同期江西 GDP 增速仅排在第七位。客观地看，一季度江西经济增速虽领跑全国，但其总体经济实力在中部六省份中依然偏弱，未来仍面临“比追赶超”的艰巨任务。

11 个省份 GDP“小步快跑”破万亿元，“万亿元俱乐部”又添新成员，是一季度地方经济运行的一大亮点。

目前，已有广东、江苏、山东、浙江、河南等 11 个省份 GDP 规模超 1 万亿元，这意味着今年一季度 GDP 前十强已全部迈入“万亿元俱乐部”。不仅如此，与去年同期相比，“俱乐部”还增加了湖北、安徽和上海三位新成员。此外，在“俱乐部”内部也有较明显的分化，其中广东、江苏两省经济总量均超过 2 万亿元大关，山东以 19926.80 亿元的经济总量紧随其后，距 2 万亿元关口仅一步之遥。这些变化反映出我国经济强省应对外部冲击、驾驭复杂形势能力的进一步提升。

在看 GDP 增速“快”与“慢”、规模“大”与“小”的同时，一些省份在推动经济高质量发展上的综合表现更加值得关注。比如，福建和湖北两省一季度综合表现均较为优异，不仅保持了较高的经济总量，而且在高基数之上实现了较快增长，成绩来之不易，彰显了地区经济发展的巨大潜力。

需要指出的是，由于本轮疫情主要发生在 3 月以后，一季度上海经济仍保持了 3.1% 的实际增速。如果疫情不能在 5 月份得到较好控制，对上海经济二季度影响依然不容乐观。此外，天津一季度 GDP 虽只增长了 0.1%，在全国垫底，但得益于其去年实施的“制造业立市”战略，当地生物医药、航空航天、集成电路等新兴产业发展势头较好，有望成为天津经济恢复发展的助推器。

当前，疫情带来的冲击还在持续，从广东等地统筹疫情防控与经济社会发展的实践看，唯有尽快控制住疫情、加快复工复产，才能为二季度乃至下半年地方经济平稳增长提供有效支撑。当然，经济高增速并不一定等于高质量发展，“速”与“量”也不应成为衡量地方经济发展的唯一标尺。对于当前经济运行中的波动，我们要坚持理性客观态度，既要迎难而上坚定发展信心，也要统筹好发展与安全、眼前和长远，不争一时之利，不图一时之快，以更多的“确定性”对冲“不确定性”，推动中国经济在高质量发展的轨道上勇毅前行。

（刊发于 2022 年 4 月 29 日时评版）

推动“白名单”制度常态化运行

日前，长三角地区上海、南京、杭州、宁波、合肥 5 家直属海关联合发布通告称，将统筹长三角地区产业链供应链重点企业名单，实现“白名单”企业的“五关”互认，全力保障长三角地区集成电路、汽车等产业链供应链安全畅通。

这是全国保障物流畅通促进产业链供应链稳定电视电话会议自 4 月中旬召开以来，又一项针对跨区域保通保畅的改革举措。此前，针对物流货运受阻等问题，有关部门提出了货运司乘“白名单”管理措施；上海、吉林、深圳等地针对新冠肺炎疫情发展态势，陆续建立了复工复产“白名单”制度，并对名单实行动态更新。

从“白名单”制度的实施效果看，一些受疫情影响较大的重点地区、重点产业链供应链正在加快恢复。以备受关注的物流业为例，受疫情管控对口岸集疏运能力形成制约的影响，截至 4 月中旬，上海空运口岸货物提离率仅为 49.1%，而海运口岸货物提离率只有三成。随着“白名单”制度的实施，重点物资在口岸堆场和仓库中的积压比例在持续下降。

产业链是工业经济的筋骨，供应链是工业经济的血脉。近期，一系列保障供应链产业链畅通政策的密集出台，彰显了从中央到地方全力以赴保通保畅、稳定产业链大循环的决心和信心。特别是

“白名单”制度的建立，对于保障重点企业稳定生产、着力打通产业链供应链卡点堵点，更加精准地实现疫情防控与稳增长之间的对接，具有十分重要的作用。

对于“白名单”这一概念，市场各方并不陌生。通常情况下，一些市场信用好、生产经营规范的企业会被纳入“白名单”中，可以获得优先进入市场的便利。此次中央出于统筹疫情防控和稳定经济运行的需要，把“白名单”制度运用到保障产业链供应链的安全与稳定中来，既是对当前局部疫情导致产业链供应链冲击的应时之举，也是在常态化疫情防控下应对市场失灵的一次积极探索。

考虑到当前产业链供应链稳定性与疫情冲击相伴而生的特点，在强调一手抓动态清零、一手抓复工复产的前提下，对于“白名单”的设置需找到一个多重约束下的最优解。对此，中央明确“白名单”面向汽车、集成电路、消费电子、装备制造、农用物资、食品、医药等重点产业和外贸企业，正是对稳增长“民生要托底、货运要畅通、产业要循环”要求的回应。值得注意的是，设置“白名单”只是第一步，未来“白名单”制度能否加快落到实处，对于保障重点地区重点产业链供应链的安全稳定至关重要。对此，笔者建议，不妨以此次疫情防控为契机，推动“白名单”制度的常态化运行。

前不久印发的《中共中央 国务院关于加强建设全国统一大市场的意见》，明确提出通过打通制约经济循环的关键堵点、卡点，促进要素资源在更大范围内畅通流动。但建设全国统一大市场不可能一蹴而就，也不会“一刀切”式地齐头并进。在这个过程中，可以以产业链供应链“白名单”设置为突破口，将“白名单”制度拓展到资金、人力、数据等要素市场，既可增强供需对接的有效性，也可进一步畅通国民经济大循环，有助于推动全国统一大市场建设。

需要提出的是，当前“白名单”设定主要由地方政府完成，但各地疫情防控进展不同，防控的政策措施也有差异，相关“白名单”能否在地方及部门之间实现互认，还需进一步细化实化。此外，在推行“白名单”制度常态化的基础上，有关部门还应对“白名单”实行动态调整，以适应市场供需的变化，最大限度地将“断链”冲击降到最低。

（刊发于 2022 年 5 月 6 日时评版）

纾困帮扶要紧盯痛点盲点

日前召开的中共中央政治局会议要求，要稳住市场主体，对受疫情严重冲击的行业、中小微企业和个体工商户实施一揽子纾困帮扶政策。这是在面对国内新冠肺炎疫情多点反复、一些“超预期”因素突发的新情况下，中央应对经济下行压力加大、全力做好稳增长工作的一次再动员、再部署。

今年以来，有关部门和地方先后出台一系列政策举措，帮助广大市场主体纾困解难。从国务院办公厅20条举措促进消费持续恢复，到国家发展改革委等14部门43项政策助力服务业恢复发展，再到金融财税部门下调存款准备金率、实施大规模留抵退税，以及地方版的“天津15条”“上海21条”“广东47条”……这些政策“组合拳”立足保经济、保民生，全力以赴保产业链供应链稳定安全，千方百计帮企业把疫情造成的损失夺回来。

从实际效果来看，随着各项政策举措的落地实施，各地复工复产步伐加快，物流不畅、产业链供应链“断链”等现象大为改善，助企纾困的政策效应不断显现。但也要看到，一些政策在设计上与最终落地效果存在一定偏差，有的政策措施门槛过高，让本应享受到政策扶持的中小企业望而却步；有的政策文件缺乏实施细则，基层执行起来无所适从，不仅影响了广大市场主体的获得感，也让政策的效果打了折扣。

以当前普遍实施的“白名单”制度为例，各地按照中央部署，围绕重点医疗物资、重要生活物资、农资化肥和基础工业产品等生产供应，确立了当地重点行业重点企业的“白名单”。但有企业负责人抱怨：自己虽然属于“白名单”企业，但车间依然开不了工。原因很简单：上游的配套供应商规模不大，没有被纳入当地“白名单”，还没能正常生产。供应商的产品到不了车间，整个生产线基本就动不起来。

综合运用多种形式的产业补贴，减轻疫情对各类市场主体的经济冲击，是很多地方助企纾困的一条重要举措。这些地方因地制宜采取税收减免、低息贷款、信贷担保等补贴政策，实实在在地帮助企业特别是中小企业提振信心渡难关。不过，也有企业反映，当前产业补贴政策的发力点与企业实际痛点不一致，前两年效果较好的税费减免等政策，在今年似乎有点“药不对症”。一个主要原因是，今年企业经营压力的重心，已从之前的税费支出转到了如今的市场需求疲软，而后者恰恰是不少地方纾困政策的盲点所在。

统筹好疫情防控和经济社会发展，努力用最小的代价实现最大的防控效果，最大限度减少疫情对经济社会发展的影响，是我国防疫情、稳经济的一个基本思路。此次中央政治局会议明确提出要“高效统筹疫情防控和经济社会发展”。之所以强调“高效统筹”，既是基于当前病毒变异和传播新特点作出的新部署，也是对实现“疫情要防住、经济要稳住、发展要安全”这一目标提出的新要求。

当然，“高效统筹”能不能做到，关键还是要看落实见实效。一方面，要加快落实已发布的政策举措，抓紧谋划储备一批新的政策工具，在加大相机调控力度的同时，把握好目标导向下的政策提前量和冗余度；另一方面，要强化纾困帮扶政策力度和效果，在确保纾困政策直达市场主体的同时，继续抓痛点、除盲点，把对市场主体的短期纾困与长远发展结合起来，兼顾远近、协同发力，努力夺取疫情防控和经济社会发展的双胜利。

（刊发于 2022 年 5 月 13 日时评版）

莫让人才繁荣昙花一现

毕业季临近，备受关注的“抢人大战”烽烟再起。有报道称，位于浙江省西南山区的遂昌县24个基层岗位吸引来了4名博士、19名硕士，其中不乏复旦、浙大等周边名校中人。江苏北部的阜宁县则一口气引进100名优秀毕业生，均来自北大、南大等重点院校。

尽管许多报道突出了“名校硕博”“扎堆县城”的字眼，但从全国看，这一现象并不普遍，且主要发生在东部沿海发达地区。不过，在稳就业压力持续加大的背景下，引发广泛关注自然不足为怪。对此，有人直言不讳提出反对：名校硕博到小县城就业，是“大材小用”甚至是“严重浪费”；也有人举双手表示赞成：高学历人才到县城发展大有可为，体现了教育理念和社会发展的进步。

名校硕博选择县城就业，可能涉及方方面面的原因，但无论是“人才要素的正常流动”，还是所谓“学历内卷的无奈选择”，有一点是可以肯定的：名校硕博毕业生作出这样的决定，必然是经过深思熟虑的。待遇好、有编制以及不菲的人才引进奖励，自然是较为实际的考量。但相比物质待遇，东部县城较大的发展潜力和空间，可能也是他们到县城就业的加分项。

对于地方而言，吸引更多高端人才加入，是一项颇为“划算”的投资。今年高校毕业生就业规模首次突破千万，就业压力不言而喻。与此同时，受新冠肺炎疫情等因素影响，就业市场持续波动，企业招聘需求有所收缩。双重压力下，人才供给市场的竞争变得更加激烈，但也给县城吸引人才提供了更多便利。换个角度看，这意味着县城可以用与以往相同甚至更低的成本，实现对人力资源特别是高端人才的储备与配置。

高等教育普及化，也是推动名校硕博“扎堆县城”的原因之一。数据显示，从 2001 年至 2020 年，我国研究生招生总人数从 16.5 万人增加到 110.7 万人。研究生招生规模持续扩大，但以往研究生就业比较多的科研岗位却没有那么快的同步增长，相当一部分硕博毕业生选择到县城就业，将会成为一种常态，这也是社会发展的必然。

需要指出的是，就业从来不以地域远近或城市大小来论高低，漂在“北上广深”确实可以通过努力一步步实现自我价值，但回到县城也不是“不思进取的躺平”。对于名校硕博毕业生来说，到县城就业更需要摆正心态，不能眼高手低。

近些年，很多高端人才到基层就业存在“水土不服”的情况，一方面可能与他们所学专业不对口有关，短时间内发挥不了专业优势，容易产生挫败感；另一方面可能也与地方有关部门在配置人才上不科学有关，让一些专业能力强、学科基础扎实的人才，埋没在机械重复的公文事务中。

人才是第一资源，也是一切事业的根本。人才的根基越牢固，事业发展的根基就越牢固。近年来，各地在人才引进上可谓绞尽脑汁，在薪资酬劳、安家补贴、评价晋升等方面下足功夫，千方百计地希望吸引更多优秀人才。但人才引进并不是学历越高越好、人数越多越好，更不能“一引了之”，让人才繁荣成了“昙花一现”。

对于大多数县城而言，经济体量毕竟有限，与之对应的“人才容量”也存在着一定的边界，人才引进须量力而行、尽力而为。更重要的是，引进的高端人才是否与当地发展需求相匹配，能否为他们创造想干事、能干事、干成事的良好环境，继而充分激发出他们的聪明才干，实现个人成长与区域发展的双赢，才是县城花大力气吸引人才的关键所在。

（刊发于 2022 年 5 月 20 日时评版）

用好“工具箱”确保煤炭保供稳价

随着稳经济一揽子举措再加码，各地经济恢复步伐加快，煤炭需求也逐步回升。再加上夏季用电高峰的临近，电力供应特别是占全社会发电量约六成的煤电生产，再次引发社会各方的关注。

事实上，自去年下半年以来，因“煤荒”导致的局部地区“拉闸限电”现象，一直牵动着市场神经。虽经多方努力，煤炭供应不足、煤价持续飙升等问题得到有效缓解，但俄乌冲突升级、新冠肺炎疫情多点反复等超预期因素的出现，给持续波动中的煤炭市场带来了更多不确定性。

煤炭是重要的基础能源，事关经济平稳运行和群众生产生活。特别是在经济下行压力有所加大、国际大宗商品价格持续上涨的情况下，以煤炭为“锚”，做好能源保供稳价工作，成为当前我国能源工作的重中之重。

保供方面，今年以来，全国煤炭产量连续 4 个月保持两位数快速增长，1 月至 4 月原煤产量同比增长 10.5%，其中山西、陕西、内蒙古、新疆四省份合计占比 80.9%。不过，与持续增长的煤炭需求相比，当前我国煤炭供给瓶颈仍然存在。按照计划，今年全国将新增煤炭产能 3 亿吨。日前召开的国务院常务会议也提出，要保能源安全。落实地方煤炭产量责任，调整煤矿核增产能政策，加快办理保供煤矿手续。目前，产煤省份在开足马力抓生产的同时，新增产能释放也在紧锣密鼓地推进。值得注意的是，近期我国调整了从2022年5月1日至2023年3月31日的煤炭进口关税，将此前3%至6%不等的最惠国税率统一调整为零，此举有望促进南方及沿海地区加大煤炭进口力度，进一步提升煤炭资源的配置效率。

稳价方面，国家发展改革委等部门先后印发了《关于进一步完善煤炭市场价格形成机制的通知》和《关于明确煤炭领域经营者哄抬价格行为的公告》两份文件，前者提出了煤炭中长期交易价格合理区间，后者明确了煤炭领域哄抬价格行为的具体认定标准，为相关市场主体依法合规经营提供了明确指引。从市场反馈看，这两份文件着力构建煤价预期引导和调控监管的闭环机制，为提高煤炭长协兑现率、确保煤价运行在合理区间，提供了有力有度的支撑，也有助于增强我国煤炭市场供给的安全性、可靠性。

前不久，国家发展改革委、国家能源局联合发布了《“十四五”现代能源体系规划》，提出要进一步保障煤炭供需稳定和能源安全，提升煤炭储备能力，增强中国煤炭自主供给能力，在碳达峰碳中和总体要求下，促进煤炭行业向绿色生产、绿色消费加速转型。

实现上述目标，从短期看，要继续用好用足政策工具箱，通过完善煤炭产供储销体系，强化市场预期管理等措施，引导煤炭价格在合理区间运行，通过稳煤价来稳电价、继而稳定整体用能成本；从长远看，以煤为主仍将是我国能源消费的基本国情，要不断创新调控方式手段，不断丰富工具箱政策储备，确保在关键时期能够“粮草充足”，真正发挥其保供稳价的“压舱石”作用。

值得一提的是，在积极应对煤价飙升、煤电企业大幅亏损等问题挑战中，有关部门对于如何通过市场手段优化煤炭价格形成机制、促进煤炭产销供给动态平衡等，有了更加深刻的认识，对于如何利用政策工具加强对煤炭市场监管引导等方面，也更加游刃有余。下一步，要继续凝聚各方共识、形成合力，加快推动煤炭行业高质量发展，让煤炭利用变得更安全、更高效、更绿色。

（刊发于 2022 年 5 月 27 日时评版）

抓住内外贸一体化发展红利

近来，有关内外贸一体化的话题热度不减。在日前举行的“中国这十年”系列主题新闻发布会上，有关部门负责人就“打通内外贸，构建双循环”专题进行了介绍。此前，商务部等 14 部门还宣布正式启动内外贸一体化试点建设，力争用 3 年时间，培育一批内外贸一体化经营企业，打造一批内外贸融合发展平台，形成一批具有国际竞争力、融合发展的产业集群。

内外贸一体化这个概念，早在 20 世纪 80 年代末就有所提及。改革开放初期，我国贸易领域普遍存在着外贸企业没有内贸经营权、内贸企业不能经营外贸的现象，有专家对此提出了内外贸一体化发展的建议。不过，当时对内外贸一体化的强调，主要侧重点在于推动企业内外贸经营体制的一体化。

上述问题在此后深化改革的过程中基本得到解决，但随着我国加入世界贸易组织，内外贸一体化发展的要求再次被提及。不过，在出口市场持续多年“高歌猛进”的强劲势头下，企业对于内外贸一体化发展的愿望，似乎并没有那么强烈。

这一状况直到近年来才有改变。中国外贸体量在逐步增大，随之而来的还有各种贸易壁垒及争端。虽说中国外贸企业大多是在市场风雨中成长起来的，先天具有韧性足、对市场敏感等特点，但在我国成为全球第二大消费市场、第一货物贸易大国的背景下，外贸发展面临的内外部环境已经发生变化，客观上需要从规模速度型向质量效益型转变，这也意味着推动内外贸一体化发展的时机已具备。

事实上，很多外贸企业近年来已着手开拓国内市场，不少内贸企业也积极利用电商平台试水海外市场，内外贸融合发展的态势越加明显。同时，政府部门也在积极发挥“有形之手”的作用，不断加快内外贸一体化管理体制构建，努力为内外贸市场对接创造条件。一个有意思的现象是，许多广交会上的“老外贸”也频频出现在进博会、消博会的展会上，一大批既从事外贸又从事内贸的市场主体正不断成长起来。

尽管内外贸市场的规模在日益壮大，但内外贸一体化发展的短板仍十分明显。比如一体化调控体系不够完善，统筹利用两个市场、两种资源的能力不够强，内外贸融合发展不够顺畅等，内外贸一体化的进度还不能完全适应构建新发展格局的需要。特别是新冠肺炎疫情发生后，外贸产业链供应链受到持续冲击，进一步加深了企业对于内外贸一体化发展的认识，越来越多的外贸企业变“被动转”为“主动转”，希望能抓住内外贸一体化发展的红利，赢得更多发展商机。

然而，推动内外贸一体化发展，不仅是市场主体在新发展阶段积极应对挑战与机遇的主动选择，更是一项长期而复杂的系统性工程。从这个意义上看，内外贸一体化一方面是制度红利，另一方面也是一场“自我革命”。对于外贸企业而言，全面协调持续推进内外贸一体化发展，不仅可以帮助企业走出原有的“一亩三分地”，还可以通过“买全球、卖全球”，进一步提升企业的可持续发展能力。

需要指出的是，在这个过程中，企业需要持续投入转型的成本，从更换设备、调整生产线到“内外无别”标准的建立，从数字贸易、绿色贸易赋能到营销渠道的重建，从传统的贴牌代工到新品牌的创立推广，肯定不会一路坦途，可能还会遇到更大更多的困难挑战，对此须未雨绸缪，提前做好准备。

（刊发于2022年6月3日时评版）

盘活存量有利扩大有效投资

近日，中国铁建基础设施领域不动产投资信托基金（REITs）获准注册，这意味着持续升温的 REITs 市场又将迎来新的基金产品发行。此前，由华夏基金联手中国交建发行的 REITs，一度引来了超 1500 亿元的资金追捧，直接创出了我国 REITs 市场新纪录。

作为基金市场的后来者，首批 REITs 去年 5 月份挂牌上市时，不少市场机构对其仍保持观望态度。不过，一年来 REITs 总体表现可圈可点，已成为以市场手段盘活基础设施存量资产的有效探索。

据透露，目前还有不少头部基金公司正在发力耕耘 REITs 市场，未来还会有更多新产品投放到二级市场。从各方反馈看，REITs 产品之所以能获市场认可，一个直接原因是其长期投资价值被看好。不仅如此，REITs 还带动了数倍甚至十数倍其自身规模的项目投资，对扩大有效投资形成了良好的示范效应。

投资作为拉动经济增长的传统“三驾马车”之一，对于中国经济的重要性不言而喻。多年来，持续增长的投资很多已转化为规模庞大的存量资产，但其中有相当一部分资产因种种原因未能得到高效利用，成了有待唤醒的“沉睡”资产。有机构估算，目前国内基础设施领域可盘活的存量资产总量超 100 万亿元，即便只对 1% 的存量资产进行证券化，即可撑起一个万亿元规模的基础设施 REITs 市场。

盘活存量资产同时又具有必要性。在全球经济形势严峻复杂、“三重压力”叠加“两大变量”之下，一方面，稳增长仍离不开稳投资的有力支撑，通过盘活存量资产，可以有效解决扩大投资的一部分资金来源问题。另一方面，一些地方正面临着较大的隐性债务风险，在土地财政不可持续、财政收支平衡压力加大的情况下，盘活存量资产带来的资金增量，一定程度上可以缓解地方资金压力，有助于防范化解地方债务风险。换言之，在不增加地方政府债务的情况下，盘活存量资产是当前解决新建项目投资资金不足的一个有效途径。

不过，盘活存量资产涉及面广，包含有多种资产类型，在实际工作中仍存在一些堵点和制约因素。比如，有一些资产长期以来产权不清，部分存量项目在土地权属、产权证书等方面手续不完备；有一些资产受制于公益属性，其产品及服务难以形成市场化定价，无法产生稳定的现金流及收益等。解决上述问题，要坚持市场化法治化的原则，通过公开透明的处置流程，避免出现资产流失。同时，要不断加大创新力度，丰富并强化政策工具箱储备，以更大的开放性与确定性吸引更多市场主体的参与。

需要指出的是，盘活存量是方式方法，扩大有效投资才是工作目的。从长远看，盘活存量资产，就是要把回收资金用于重点领域建设，形成新的有效投资，实现存量资产和新增投资的良性循环，这对于提升基础设施运营管理水平、拓宽社会投资渠道、在不增加地方政府债务的情况下合理扩大有效投资、降低企业负债水平等，是一个多赢之举。更重要的是，盘活存量资产的过程，本身也是一个优化投资结构、提高投资效率的过程，将有助于释放出经济增长的新动能。

（刊发于 2022 年 6 月 10 日时评版）

外贸仍要保稳提质

虽说疫情总是带来很多不确定性，但作为世界第二大经济体的中国，正努力以责任与担当，为全球市场带来更多的确定性。

近日，商务部、海南省人民政府共同宣布，第二届消博会将于7月26日至30日在海口举行。与首届消博会相比，第二届消博会将新增部分细分行业的全球头部品牌，重点国别和地区的参与度也将变得更高。截至目前，已有58个国家和地区的企业和品牌确认参展。已成功举办四届的上海进博会，也将按原定计划11月如期举行。据商务部新闻发言人透露，目前进博会各项筹备工作进展顺利，其中，企业商业展签约面积已超过规划面积的75%，世界500强和行业龙头企业数量超过250家。

刚刚过去的5月份，我国出口（以美元计）以16.9%的同比增速大超市场预期，而单月环比更是创下有数据记录以来的同期最高。这其中，有对比基数较低、外部需求回升的原因，也有国内疫情得到有效控制、物流及供应链产业链快速恢复等因素，这些共同推高了5月份出口增速。

不过，仅凭单月出口数据的反弹，并不能说明我国外贸已经走出了拐点，也不宜简单地做出外贸重返高增长轨道的判断。事实上，5月份出口增长更多的是一种恢复性增长。与此同时，5月份进口增速也超出预期，但这个超预期的背后，能源进口仍是主要贡献力量，如果剔除能源这一权重，那么 5 月份进口仍延续了此前的负增长，表明当前内需疲软的态势尚未有效扭转。

综合来看，当前我国外贸发展依然面临着众多风险挑战，诸如外需市场的低迷不振，疫情对供应链产业链的冲击，输入型通胀压力的持续加大，发达经济体积极财政货币政策的退出等。其中任何一个环节出现问题，都可能带来整个外贸行业的“蝴蝶效应”。在此背景下，稳外贸仍应是下半年我国稳增长政策的重点所在。

在正视困难挑战的同时，也要看到，我国外贸发展仍有着较为明显的竞争优势。除传统的制造业优势外，3 月份以来的人民币贬值、中美关税可能实施部分豁免等，均有望对后续出口形成利好。更重要的是，我国外贸结构的持续优化提升，增强了外贸发展的韧性，巩固了我国外贸在国际上的地位，也回应了社会上有关出口替代的担忧。

有观点认为，东盟地区正逐步取代我国在全球产业链供应链的地位。客观来看，受劳动力成本不断提高的影响，我国一些劳动密集型产业确实存在向东盟国家转移的现象。但更要看到，产业转移的背后，还包含着我国与东盟之间更趋紧密的产业链合作——东盟地区的加工制造业很大程度上依靠来自我国的中间品，这也意味着我国与东盟之间的贸易往来，更多的是供应链上下游的合作关系，而不是单纯的贸易取代。

需要指出的是，随着国内疫情防控形势总体向好，生产需求逐步恢复，外贸物流逐步改善，前期积压的外贸订单加快释放，短期内将推高外贸增速回升，但考虑到去年同期基数逐步抬高等因素影响，下半年我国外贸增速大概率会出现回落。对此，一方面，要继续深化落实现有的稳外贸各项政策举措，进一步为外贸企业纾困解难；另一方面，要立足外贸长远发展的需要，在促进内外贸高质量一体化发展、挖掘 RCEP 等区域合作贸易潜力等方面聚焦发力，持续推动外贸保稳提质。

（刊发于 2022 年 6 月 17 日时评版）

靠什么激活民间投资活力

在投资领域流传着这么一句话：民间投资稳了，经济大盘就稳了。作为稳增长的重要支撑力量，民间投资的活跃程度，很大程度上反映出一个经济体的内生动力。通常情况下，如果民间投资增速持续下降，那么势必拖累整个固定资产投资，进而对整个经济增长带来不利影响。

近10年来，我国民间投资在整体投资中的比重始终保持在55%以上，可以说是投资的主力军。不仅如此，随着营商环境的不断优化提升，民间投资的质量也在持续改善。不过，今年以来，受地缘政治复杂多变、国内疫情多点散发等因素影响，我国民间投资增速持续低于整体投资，由此引发了市场各方的担忧。

对于如何做好民间投资工作，近期多个"重量级"会议及政策文件中均有提及。今年《政府工作报告》提出，要发挥重大项目牵引和政府投资撬动作用，完善相关支持政策，充分调动民间投资积极性。近日出台的稳经济一揽子33条措施也提出，要稳定和扩大民间投资，鼓励民间投资以城市基础设施等为重点，通过综合开发模式参与重点领域项目建设。日前召开的国务院常务会议，专门对支持民间投资和推进一举多得项目进行了部署。

党中央、国务院之所以如此重视民间投资，根本目的就是要抢抓当前经济恢复增长的宝贵窗口期，通过提振市场信心，让民间投资尽快回归到稳定增长的轨道上来。事实上，最大限度地将我国经济恢复到疫情前发展状态，激活民间投资活力是应对经济下行压力、稳住经济基本盘的必然要求，也是一项必须抓好抓实的硬任务。对此，我们决不能掉以轻心。

从长远看，要实现上述目标，必须落实好鼓励民间投资发展的各项政策措施，进一步完善民间投资政策环境，更好地稳定市场预期和投资信心。同时，要聚焦解决制约民间投资增长的难点堵点问题，促进民间投资实现更高质量的发展。

拉动民间投资增长，要发挥重大项目的牵引作用和政府投资的撬动作用。要根据"十四五"规划 102 项重大工程、国家重大战略等明确的重点建设任务，选择一批示范性强、条件相对成熟的项目，给民间投资提供更多参与的机会。对于一些规模较大的民间投资，要加强用地用能用水等要素保障。从以往经验看，包括基础设施建设在内的一些重大项目，如果只靠专项债和地方政府发力，可能会增加地方政府债务风险，而且在投资效率上又难以充分保障，而通过吸引民间投资参与其中，既能有效缓解财政压力，也有利于提升资金使用的效率。

拉动民间投资增长，要继续加大金融支持的力度。建立和完善社会资本投融资合作对接机制，既为民间投资项目与金融机构搭建衔接平台，也为民间投资有序退出规划好路径，将有利于实现资本的良性循环。鼓励民间投资积极参与盘活存量资产，通过发行基础设施领域不动产投资信托基金（REITs）、PPP 等方式，提高参与基础设施项目的便利程度。此外，要加强涉企信用信息共享应用，引导金融机构对民营企业信用情况精准画像，客观合理判断企业风险，加大融资支持力度。

在强调用市场办法、改革举措激发民间投资活力的同时，也要努力为民间投资创造良好的营商环境。一方面，要引导和帮助民营企业发现新的增长点，鼓励民营企业聚焦实业、做精主业、提升核心竞争力，不断提高投资决策的科学性和精准性；另一方面，要继续破除制约民间投资发展的“玻璃门”“弹簧门”“旋转门”，用更大力度的“放管服”改革，为民间投资提供一个公平、透明、法治的发展环境。

（刊发于 2022 年 6 月 24 日时评版）

发展夜间经济须处理好三个关系

随着我国疫情防控总体形势趋稳向好，一些地方陆续重启了“夜间经济”。有报道称，河南、安徽、广西等一些地方领导为了鼓励夜间消费，带头加入烧烤撸串吃小龙虾的消费行列。

地方领导带头消费的做法，近些年并不鲜见。他们一方面向市场主体表达了有条件加快复工复商复市的态度，另一方面也给广大消费者传递出在做好防护的情况下可以走出家门放心消费的信心。

国家统计局的数据显示，近期我国社会消费品零售总额已连续3个月出现同比下降，其中餐饮、酒店等行业更是受冲击最大的重灾区。在此背景下，提振消费信心，重拾经济活力，已成为稳住经济大盘的重要举措之一。

作为城市商业经济的重要组成部分，夜间经济是彰显城市特点与活力的有效载体，不仅能更好地满足人民对日益增长的美好生活的需要，对于扩大内需、繁荣市场、创造就业等也具有积极的促进作用。商务部此前的一项调查显示，60%的消费发生在夜间，早在2020年我国夜间经济规模就突破了30万亿元。当前，探索培育包括夜间经济在内的各种消费新业态新模式，被赋予了推动消费恢复增长的新使命。

但也要看到，发展夜间经济不能简单地等同于“地摊经济”，更不是鼓励老百姓上街随意支摊做买卖。事实上，前者是一项有着自身发展规律的系统性工程，而后者更多是应对疫情冲击的临时之举，对于城市运行也是一把“双刃剑”——“地摊经济”体量小、成本低，短时间内确实能让城市的夜间充满烟火气，但也会引发交通拥堵、卫生无序、噪声扰民等一系列民生问题，给城市治理带来新难题。

发展夜间经济，要统筹处理好疫情防控与经济社会发展的关系。重启夜间经济，避免不了出现人群的集聚，也增大了疫情防控的风险。前不久，北京、成都等地酒吧出现的聚集性疫情，就带来了深刻教训。对此，各地要在做好疫情应急预案的基础上，加强对疫情防控措施的检查督导，通过科学精准的常态化举措，规范夜间消费场所的疫情防控工作，切实保障人民群众的身体健康和生命安全。

发展夜间经济，要妥善处理好因地制宜与规范有序的关系。夜间经济的形成绝非一日之功，更离不开地域文化、气候条件、消费习惯、经济水平等因素的综合影响。现实中，一些地方急于发展夜间消费，一哄而上甚至人为制造出许多夜间消费场景，但常因“水土不服”而昙花一现。对此，有关部门在发展夜间经济时，既要尊重经济内在规律和当地发展实际，科学规划评估其可行性，更要通过精细化的城市治理和富有温度的民生管理，为夜间经济营造一个功能完善、充满活力又规范有序的发展环境。

发展夜间经济，要协调处理好传统业态与创新发展的关系。夜间经济要想持久“点亮”繁荣，离不开创新赋能。当前，一些地方在发展夜间经济时，往往聚焦于餐饮、购物、娱乐等领域，存在着粗放式、同质化发展倾向。与此同时，消费群体年轻化、消费需求多元化的趋势，对夜间经济的供给提出了更高要求。对此，要充分挖掘本地特色资源，赋予夜间消费更多文化内涵和现代元素，同时加快对数字技术等运用，让线上线下融合发展为夜间经济创造更多可能。

从消费功能看，夜间经济是一种更好满足生活需求的“增量经济”，也是推动消费加快恢复的前沿阵地。疫情终将消散，我们相信，流光溢彩的夜间经济将点亮更多消费希望，激发出更多的消费动力与活力。

（刊发于2022年7月1日时评版）

投资对稳增长支撑作用凸显

行至年中，下半年中国经济走势颇受各方关注。从已公布的前5个月宏观经济数据看，在新冠肺炎疫情得到有效控制后，中国经济总体呈现出稳中向好的态势，特别是工业、出口等主要指标增速回升明显。

与此同时，中国经济面临的下行压力依然较大。不过，大多数市场机构分析认为，随着各项稳增长政策落地实施和市场需求的持续回暖，下半年中国经济有望更快实现恢复性回升。此外，还有市场人士作出大胆预测：若有更强力度的政策支持，中国经济全年增速仍有望接近或实现年初设定的预期目标。

事实上，自5月份以来，各地生产生活秩序加快恢复，经济运行逐步企稳，主要经济指标已出现边际积极变化。从生产供给端看，农业生产总体稳定，夏粮增产丰收基本已成定局；工业企业加快复工达产，规模以上工业增加值扭转下跌态势实现正增长；物流保通保畅成效日益显现。从市场需求端看，上半年投资的关键作用得到了进一步发挥，成为拉动中国经济“三驾马车”中最重要的动力源。

国家统计局数据显示，前5个月全国固定资产投资同比增长6.2%，特别是在适度超前开展基础设施投资政策的指引下，“十四五”规划纲要中的102项重大工程持续推进，基础设施投资增长达 6.7%，增速较前 4 个月提高 0.2 个百分点。同时，与民生息息相关的社会领域投资始终保持着较快增长态势，增速高于全部投资 6.7 个百分点。

从实际效果看，无论是包括重大项目、新基建等在内的基础设施投资，还是教育、卫生、养老、住房等民生补短板投资，对上半年扩内需、保民生以及稳住经济大盘均形成了强有力支撑。那么，下半年投资能否继续扛起稳增长的大旗?

近期召开的国务院常务会议，已释放出较为清晰的市场信号。会议明确了以政策性、开发性金融工具支持重大项目建设的举措，强调要扩大有效投资、促进就业和消费；部署加大重点工程以工代赈力度，拓展就业岗位，带动农民工增收等。

需要指出的是，在全球经济复苏乏力、外需疲弱不振的背景下，下半年我国出口增速大概率会出现回落，这意味着稳增长需要更多地倚重内需发力，投资对于稳增长的支撑作用将进一步凸显。考虑到消费短期内大幅恢复增长的难度较大，要想实现全年增长目标，稳投资特别是积极扩大有效投资，仍将是下半年稳增长的重点工作之一。

做好下半年稳投资，钱从哪里来?事实上，得益于此前一揽子稳经济政策的落地，下半年投资资金在供给上仍较为充裕。今年新增专项债券发行虽然在 6 月底前已基本完成，但下半年能用于基建投资的财政货币工具仍较为丰富。比如，近期国务院调升了政策性银行信贷额度 0.8 万亿元，据市场测算，预计至少有 0.6 万亿元能直接用于基建投资。再如，在中小微企业纾困政策继续深化、融资渠道有所改善的情况下，制造业投资也将保持平稳的增长态势。总体看，基建投资在成为经济托底力量的同时，还将与制造业投资携手，共同推高下半年投资增速。

总体看，下半年投资依然被寄予了厚望，特别是在优化资源配置、促进结构调整以及扩消费稳就业等方面仍大有可为。但也要看到，当前制约投资增长的因素还不少，特别是预期偏弱对于投资信心的提振造成较大影响，部分行业转型发展市场前景仍不明朗，疫情反复还会对经济平稳运行带来扰动。需要强调的是，适当扩大投资虽是稳增长的应有之义，但需要更加重视投资与消费的良性互动，只有真正让内需市场旺盛起来，中国经济才能行稳致远。

（刊发于 2022 年 7 月 8 日时评版）

碳市场“小步快跑”再出发

犹如一个呱呱坠地的“新生儿”，全国碳市场在各方的期待中坚定向前行，不知不觉中已走过了一年。

全国碳市场的建立运行，是推动绿色低碳发展的一项重大制度创新，但从本质上看仍是一种市场机制，它与政府管理共同构成了我国应对气候变化工作的“双轮驱动”。正因如此，全国碳市场自去年7月16日上线交易以来，即引发了社会广泛关注，其中不乏好奇与观望，但更多的是期待与憧憬。毕竟，这是全球首个在发展中国家建立的国家级碳市场，而且是个一“出生”就已是全球最大配额体量的碳市场。

一年来，全国碳市场虽遭遇过市场交易的低潮期，但也收获了宝贵的成长印迹——无论是对碳配额交易模式的构建，还是对价格发现功能的运用，以及在推动市场定价机制形成上的摸索，都积累了不少可圈可点的经验做法。

数字或许更能说明问题：截至今年7月13日，全国碳市场实现配额交易量1.94亿吨，累计成交额84.9亿元，市场配额履约率达到99.5%以上，超过一半以上企业参与了碳配额交易。从近两个月交易价格看，碳配额成交价格均处于55元至60元之间，基本符合市场预期。

总体看，全国碳市场一年来运行平稳有序，但也存在着市场交易整体活跃度较为有限、流动性不足等问题，特别是履约型市场的特征较为明显。有市场机构做过统计，从交易集中度来看，大部分碳交易都发生在履约期的最后一个月，而从交易方式上看，大宗协议在交易量中比重达到 80% 以上，挂牌交易量尚不到 20%。

之所以出现上述情况，一方面是因为首个履约期内，进入市场交易的行业和市场主体还比较单一，目前仅限于发电行业中的 2162 家重点排放企业，且主要方式为现货交易。另一方面，按照现行规则，机构投资者、专业公司及个人尚未能参与到交易之中，不足以给全国碳市场提供充足多样的市场多元主体，一定程度上带来了整个碳市场的流动性不足。

目前，全国碳市场仍处于市场培育的初期，但这并不妨碍各方对于全国碳市场前景的期待。未来几年内，全国碳市场将有序覆盖发电、钢铁、建材、有色、石化、化工、造纸、航空等 8 个高耗能行业。据粗略测算，如果这些行业全部纳入后，全国碳市场将拥有约 8500 家规模较大的碳排放企业，管控的碳排放总量有望达到全国能源碳排放总量的七成，这对于未来我国“双碳”目标的顺利实现将起到举足轻重的作用。

这种作用还体现在碳价对企业生产经营决策及大众消费行为的影响上。事实上，碳价格在形成过程中，不仅能促进低碳生产生活方式的加快形成，也会为低碳、零碳甚至是负碳技术的创新应用，提供更为有效的动态激励，助力我国经济社会发展向绿色低碳转型。

全国碳市场建设是一项复杂的系统工程，也是一个需要在实践中不断完善发展的长期工程。当前，全国碳市场尚处于起步阶段，很多环节需要进一步改进完善，而未来长期发展也有待形成更加清晰的“施工图”，政策细则的不明朗、难落地等问题，一定程度上会对碳市场发展预期产生不利影响。

挑战背后就是机遇。对标全球成熟碳市场，我国碳市场发展潜力巨大、前景广阔，但也绝不会在轻轻松松中就能实现。未来，需要各方凝聚更多共识，形成更大合力，推动全国碳市场运行机制不断完善，为我国低碳转型和绿色发展贡献更大力量。真正让内需市场旺盛起来，中国经济才能行稳致远。

（刊发于 2022 年 7 月 15 日时评版）

充分发挥消费券杠杆效应

“今天你抢券了吗？”7 月 18 日起，北京面向全市消费者发放 1 亿元餐饮消费券。据报道，消费券上线当天仅 6 分钟，平台上 4 种面额的餐饮消费券已全部领取完毕。为了下次能抢到券，不少消费者还专门设定了“抢券闹钟”。

今年以来，多地密集出台了一系列激活消费市场的政策举措，发放消费券是重要抓手之一。作为促进消费回补与潜力释放的关键举措，发放消费券不仅可以在短期内发挥“杠杆效应”，刺激餐饮、旅游、购物等领域消费复苏，从长远看还可以有效对冲疫情影响，提振居民消费信心。有测算显示，政府每投放 1 元消费补贴，平均能带动 3.5 元以上的新增消费。

从上半年各地经济发展态势看，通过消费券来释放消费潜力、带动消费市场稳健复苏，有一定的可行性和必要性。国家统计局数据显示，上半年社会消费品零售总额为 210432 亿元，同比下降 0.7%。其中，二季度社会消费品零售总额同比下降 4.6%。从经济发展的最大引擎到如今拖累增长的最大因素，如果不能有效扭转消费不振的态势，势必会对其他领域产生连锁影响，继而影响整体经济平稳增长。

消费券受热捧的背后，是各方加快推动消费市场恢复增长的迫切愿望。从短期看，发放消费券确实能够刺激消费的快速回升，但作为应对疫情特殊时期的权宜之计，消费券本身并非一种完美无瑕的刺激手段。实践中，在看到其积极作用的同时，我们也要提前做好预案——如果消费券使用不当，同样会带来潜在的风险。

这方面是有过深刻教训的。疫情发生以来，一些地方盲目效仿、一哄而上，不切实际地发放了各种五花八门的消费券，给本就不宽裕的地方财政增加了更多负担。还有一些地方对消费券发放的规则不熟悉，仅对特定人群或大企业大品牌发放消费券，一通“头疼医脚”操作下来，消费者不买账，商家反应平平，消费券提振消费的作用也大打折扣。

发放消费券既要善于趋利避害，也要把握好时间节点。最新数据显示，6 月份，我国社会消费品零售总额同比增长 3.1%，明显好于上月的 –6.7%，增幅远超市场预期。从月度增速看，社会消费品零售总额增速由负转正仅用了 3 个月，而在 2020 年疫情期间，这一指标实现转正耗时长达 6 个月之久。应该说，当前我国消费重返上升通道，为消费券发放提供了宝贵的时间窗口。

与投资、出口等相比，消费是经济增长中的慢变量。在促进消费恢复增长的过程中，要注意发放消费券与其他政策举措的配合发力，既要兼顾适度与平衡的关系，也要更加注重公平与效率的统一。同时，要进一步提高消费券发放的精准性，让消费券更多地向餐饮、旅游、文娱等受疫情冲击较大的行业倾斜，更多地向中小微企业倾斜，最大程度地发挥其对于提振消费的积极作用。

消费是最终需求，也是经济增长的持久动力。当前，稳消费、促消费的重要性和紧迫性明显提升。在用好消费券等短期举措的基础上，要更加重视对长期政策的运用。要继续落实好中央一揽子稳消费政策举措，积极做好稳就业工作，通过推动经济平稳增长，从根本上提升社会消费能力、稳定消费预期、提振消费信心，真正发挥消费作为经济“压舱石”的作用。

（刊发于 2022 年 7 月 22 日时评版）

首个区域电力市场开启意味什么

近日，覆盖粤、桂、滇、黔、琼五省区的南方区域电力市场启动试运行。这是我国加快构建多层次统一电力市场体系以来首个落地的区域电力市场。当天，超过157家电厂及用户在该平台上完成市场化电量交易27亿千瓦时。

建设全国统一电力市场体系，是我国经济领域的一件大事。电力市场涉及电力生产、传输、供配等各个环节，区域电力市场的建设，不仅可以降低市场主体的交易成本，而且可以有效打破省份之间壁垒，让电力资源在更大范围内优化配置，这也是加快推进全国统一电力市场建设的重要一环。

从构建区域统一电力市场的要素看，南方五省区之间具有资源禀赋互补、电网联系紧密、市场开放程度较高等优势，是当前我国最合适建设区域性电力市场的地区之一。从功能定位看，南方区域电力市场的中长期交易周期全面覆盖年月周、现货交易实现跨区跨省交易、辅助服务市场品种和补偿机制进一步理顺等特点，均契合了电力市场的运行属性，能更加准确地反映电能的供需关系。

比如，水力资源禀赋强的云南、贵州等地，可以把丰水期多发的电卖到广东等用能大省，而之前因为跨省限制等因素，很多发电企业出于成本考虑，不得不关停机组选择弃水。再如，在电力现货市场，供需双方可以根据市场实时供求情况，实现电力商品在不同时间和空间上的价格发现，电价根据市场供需变化在一定范围内可高可低，有利于推动实现更高效地用能。

南方区域电力市场除带来上述变化外，还对于新能源的消纳形成实质性利好。与传统化石能源发电不同，新能源发电具有随机性、波动性、间歇性等显著特点，利用区域电力市场更短周期、更高频次进行电力交易的特点，新能源发电大规模入市交易成为可能，有望破解以市场化方式推动新能源发展动力不足的难题。

以水电或风电为例，以往它们每月只有一次上网交易的机会，在突遇来水加大或风力剧增时，多发出来的电就无法再到市场上交易了。建立区域电力市场后，每天甚至每小时都能交易的频率，可以让新能源电力更加灵活地进入市场，实现随行就市自主报价，而买方也可以通过货比三家实现利益最大化。

构建以“区域调频 + 省级调峰”为主的电力辅助服务市场，是南方区域电力市场的另一大特点。发电侧并网主体、新型储能、虚拟电厂等可调节负荷等，可通过市场化方式开展辅助服务交易，一方面实现了对电力系统安全稳定运行的维护，有助于保证电能质量，促进清洁能源的高效消纳，另一方面也有助于推动建立由各种电力主体参与的辅助服务分担共享机制。

南方区域电力市场的运行，还推动了传统电网公司业务角色的转型。在区域电力市场中，电能交易直接由买卖双方商定，电网公司不再作为购电主体，而是充当起配送商的角色。此外，电力辅助服务也让许多商家嗅到了商机，特别是新能源消纳比例的提升，对储能、负荷聚合等电力调节服务提出更多需求，或将催生出新的市场业态。从这个意义上看，区域电力市场能较好地还原电力的商品属性，有助于发挥市场对资源的优化配置作用。

本周恰逢第 11 个“中国电力主题日”。140 年前的 7 月 26 日，上海黄浦江边一台 12 千瓦的发电机组，开启了中华民族有电的历史。与电力百余年发展历程相比，南方区域电力市场还是个新生事物，但可以预见的是，这个改革前行的一小步，必将对未来电力高质量发展产生积极深远的影响。

（刊发于 2022 年 7 月 29 日时评版）

扩大内需须消费投资齐发力

第二届消博会近日圆满落幕，本周2022年服贸会开启了一个月倒计时，而第五届进博会也在紧锣密鼓筹备之中。在国内疫情多点散发与复杂国际局势相互交织的背景下，三大开放平台如约而至，不仅是高效统筹疫情防控和经济社会发展的重要举措，也是我国履行开放承诺、推动经济全球化的坚实行动。

今年以来，我国经济恢复增长的步伐在加快，但也面临着一些突出矛盾和问题。日前召开的中央政治局会议指出，要巩固经济回升向好趋势，着力稳就业稳物价，保持经济运行在合理区间，力争实现最好结果，同时强调宏观政策要在扩大需求上积极作为。

之所以对扩大内需予以特别强调，一个主要原因是今年以来内需的表现有些不尽如人意，甚至在一定程度上拖累了经济大盘。上半年，在拉动经济增长的传统“三驾马车”中，出口延续了去年以来的高位运行态势，投资也保持了较快增长，唯独消费增长滞后于经济整体增速。在外部不确定不稳定因素增多的情况下，扩大内需特别是推动消费加快恢复并继续成为经济增长的主动力，将是下半年稳增长的主要任务。从长期看，构建以国内大循环为主体、国内国际双循环相互促进的新发展格局，必须要牢牢抓住扩大内需这个战略基点。这其中，消费不仅扮演着畅通双循环的关键角色，同时也是我国超大规模市场优势的决定性因素之一。

目前，我国在跨境电商、网络零售、移动支付等领域已经成为全球最大消费市场，预计“十四五”期间我国消费市场的规模还将不断扩大，消费层级有望进一步提升。但也要看到，消费是受疫情冲击影响最大的慢变量，提振消费信心、改善消费预期，需要综合施策、精准发力，关键在于稳就业稳预期。从近期公布的宏观数据看，6 月份以来，我国城镇调查失业率、31 个大城市城镇调查失业率等环比均有所下降，但稳就业问题依然较为突出，特别是长期存在的结构性失业与大学生毕业季摩擦性失业的并存，须引起各方足够的重视。

从经济运行的内外部环境看，制约消费增长的因素短期内尚无法消除，但促进消费扩容提质的积极因素也在不断积累增多。经过多年努力，我国的消费结构、消费环境得到了持续优化，消费多样化、品质化的特征愈发显现，消费领域新业态、新模式不断涌现，新的消费格局正在加快形成。同时，随着劳动生产率提高、城镇化进程加快，我国中等收入群体的规模在快速增长，这意味着我国还有巨大的消费潜力有待挖掘。特别是去年 7 月，上海、北京、广州、天津、重庆获批开展国际消费中心城市建设以来，率先在优化城市消费体验、拉动消费需求、激活中心城市消费市场等方面进行了积极探索，消费的牵引力带动力正源源不断地得到释放。

需要指出的是，消费是最终需求，投资是中间需求，两者共同构成了内需。从上半年经济运行情况看，如果消费疲弱的态势不能有效扭转，仅依靠扩大投资来提振经济，短期内效果可能还较为明显，但长期看缺乏可持续性，甚至还会在部分领域形成新的产能过剩。从这个意义上看，下半年继续做好稳投资特别是扩大有效投资，仍是稳增长的应有之义，但需要更加重视投资与消费之间的良性互动，只有通过两者的协同发力，才能让扩大内需真正落地落实，中国经济恢复增长的基础才能进一步夯实。

（刊发于 2022 年 8 月 5 日时评版）

抓住时与势推进重大项目

近来，一系列加快推进重大项目建设的措施密集出台，引发各方广泛关注。

7 月 27 日，推进有效投资重要项目协调机制成立后的首次会议在国家发展改革委召开，协调机制各成员单位有关负责人围绕推进重大项目建设等工作进行了充分沟通，并就下一步工作进行了部署。

此前，由国开行、农发行成立的 3000 亿元基础设施专项基金，陆续在重庆云阳抽水蓄能、山西呼北国家高速公路、河南安阳豫东北机场等重点项目上落地，实现了对包括新型基础设施在内的重大项目资本金及专项债项目资本金的补充搭桥。

在地方，不少省市为加快推进重点项目建设，成立了重大项目并联审批工作专班，梳理提出重点保障项目清单，畅通领导干部挂钩重大项目建设机制，实施“挂图作战”，全力推进项目落地实施。

上下联动、齐抓共管，协力推进重大项目建设，是全面贯彻落实党中央、国务院高效统筹疫情防控和经济社会发展，着力稳定宏观经济大盘，保持经济运行在合理区间的内在要求。今年 3 月以来，受疫情多点散发、乌克兰危机等超预期因素影响，我国经济下行压力明显加大。在此背景下，上半年全国投资依然实现了 6.1% 的增长，增速较去年全年提高了 1.2 个百分点。这其中，重大项目建设对经济发展的关键支撑作用得到进一步凸显。

但也要看到，与上半年 6.1% 投资增速形成鲜明对比的是，全国新开工投资项目数量及计划投资总额的增速均保持在 20% 以上。数字上的较大落差，反映出当前一些项目实际进展较慢，资金投入尚未转化为有效的实物工作量。究其原因，既有项目谋划不精准、前期工作不扎实等老问题，也有项目建设要素保障不充分、市场前景预期不稳等新矛盾，一些项目建设脱离实际标准过高，对落地建设的困难估计不足，还有一些项目资金筹措缓慢，项目建设所需土地、环评等要素保障迟迟不到位等。

正是基于上述问题，中央层面建立了推进有效投资重要项目协调机制，通过联合办公、并联审批等方式，提高前期工作效率，推动项目尽早开工建设。同时，科学运用政策性、开发性金融工具，在坚持不搞“大水漫灌”、不超发货币的前提下，通过强化正向激励，让更多成熟项目获得更高效的资金支持，既能有效解决项目资本金不足的燃眉之急，也能更好地引导金融机构加大配套融资支持，撬动更多社会资本参与到投资中来。

当前，我国经济正处于企稳回升的重要窗口期，能否实现全年经济合理平稳增长，三季度至关重要。强调以重大项目建设为抓手，进一步扩大有效投资，不仅是扩大内需、推动经济大盘稳定增长的主要路径，也是优化供给结构、促进经济社会高质量发展的关键所在。在此过程中，一方面，投资要继续在重点领域和民生保障上精准发力，聚焦交通、能源、物流、农业农村等基础设施和 5G、大数据算力枢纽等新型基础设施，加快在民生领域强弱项、补短板、惠民生；另一方面，要进一步细化项目清单，有力有序有效推进实施“十四五”规划纲要中的 102 项重大工程建设，发挥好有效投资对经济恢复发展的关键性作用。

需要强调的是，要牵住重大项目建设这个“牛鼻子”，必须妥善处理好时与势、点与面的关系，在项目推进上既要及时果断、不贻时机，又要摒弃“大水漫灌”“萝卜快了不洗泥”的僵化思维，进一步增强大局意识、全局观念，坚持“全国一盘棋”，少打本地区的“小算盘”，尽力而为、量力而行，把有限的投资用在刀刃上、花在关键处。

（刊发于 2022 年 8 月 12 日时评版）

就业数据“一减一增”如何看

就业是事关千家万户的头等民生大事，也是稳住经济大盘的重要支撑。在国家统计局日前公布的宏观数据中，就业数据的“一减一增”令人喜忧参半——

7 月份，全国城镇调查失业率为 5.4%，比上月下降 0.1 个百分点。不要小看这个微不足道的“0.1”，它是城镇调查失业率自 5 月份以来连续第 3 个月下降，累计降幅达 0.7 个百分点，一定程度上反映出我国就业形势的总体改善。

也是 7 月份，16 岁至 24 岁、25 岁至 59 岁人口调查失业率分别为 19.9%、4.3%。其中，青年调查失业率（16 岁至 24 岁人口调查失业率）创下近 4 个月新高。目前，国家统计局官网失业率调查数据最早可追溯至 36 个月前的 2019 年 8 月份，这 19.9% 也是近 3 年来青年调查失业率的最高值。

从国际经验看，青年调查失业率通常是要高于平均失业率的，一般比值约为两倍左右。也就是说，当全国城镇调查失业率在 5.4% 时，青年调查失业率保持在 10% 左右是较为合理的。当前，青年调查失业率已超过全国城镇调查失业率 3 倍多，为何在就业形势总体改善的情况下，青年群体就业压力仍在持续加大?

综合研判看，这背后既有总量和结构的矛盾，也有周期性与季节性等多重因素交织叠加的原因。一方面，青年调查失业率这一指标本身带有较强的周期性，而7月份正值毕业季，大量年轻人进入就业市场求职，推高了青年群体的失业率。同时，今年青年就业总量较大，仅高校毕业生就达到1076万人，比去年增加167万人，创历史新高。另一方面，受疫情冲击，一些地方、行业市场主体遇到暂时性困难，吸纳就业能力有所下降，部分企业出现减招缩招现象。此外，就业结构性矛盾持续显现，部分领域人才供需脱节、人岗匹配度不高等问题，仍需进一步加以解决。

稳就业是个系统性工程，既要尽量多地惠及就业群众，也要通过精准对接、多管齐下，抓好高校毕业生等重点群体就业。从当前就业形势看，做好青年群体就业工作，仍是稳就业工作的重心所在。

要强化稳岗拓岗，进一步扩大“就业池”。今年以来，各地区各部门推出了一系列政策措施，为广大青年毕业生提供更多就业岗位。比如，对企业吸纳高校毕业生就业予以激励，加快推进公务员、事业单位招考等工作进度，拓宽市场化社会化就业渠道等。下一步，要继续加快落实稳住经济一揽子政策措施，持续提升经济发展对就业的带动力。据悉，国家发展改革委等部门正在研究制定更大力度支持高校毕业生创业就业的政策举措，在稳存量的基础上继续拓增量，努力为青年群体创造更多高质量就业机会。

要强化创业就业，进一步增强“就业力”。要加快破解一批制约创业就业的痛点堵点，不断完善高校毕业生创业就业政策支撑体系，千方百计开拓市场化就业渠道。要加强对“双创”有关政策的解读阐释，发挥“双创示范基地联盟”等作用，实现对创业就业资源更有效对接。要继续谋划举办一批创业带动就业的重点活动，用好“双创活动周”、中国国际“互联网+”大学生创新创业大赛、

“创客中国”中小企业创新创业大赛等平台，培育创新创业氛围、提升创新创业能力、拓展创业就业空间。

当前，我国经济运行正处于决定全年趋势的关键节点，在中央明确提出“疫情要防住、经济要稳住、发展要安全”的要求下，稳就业被摆在了更加突出的位置。当务之急，要抓住二季度以来经济企稳回升的窗口期，千方百计稳住就业，齐抓共管扩大就业，发挥好经济恢复增长对就业的拉动作用。

（刊发于 2022 年 8 月 19 日时评版）

申请加入 DEPA，意在合作共赢

推进更高水平对外开放又有大动作！近日，商务部新闻发言人表示，中国加入 DEPA 工作组已正式成立，并将与《数字经济伙伴关系协定》（DEPA）成员国开展实质性谈判，持续推进加入进程。

作为全球首份数字经济区域协定，DEPA 由新西兰、新加坡、智利三国于 2019 年 5 月发起、2020 年 6 月签署生效。这个生效不过两年多的新协定，一经落地颇受各方“追捧”，不仅中国、韩国等已启动加入 DEPA 的申请程序，而且加拿大、美国等国家也表示出加入该协定的意愿。

一个生效时间不长且体量规模尚小的协定，为何受到如此关注？主要原因在于，这个协定代表了全球经济贸易发展的一个新趋势。具体说，就是在现有的一系列贸易与投资协定之外，这是国际社会对数字经济领域作出的第一个重要制度安排。

众所周知，数字技术近年来发展势头迅猛，在全球经贸活动中，越来越多的投资与贸易行为选择了更为便捷的数字化方式加以实现。虽然全球经济增长乏力，但数字经济依然呈现出强劲韧性。从全球经贸数据分析看，数据跨境流动对经济增长形成的推动力，已超过了传统的投资与贸易。

遗憾的是，在世贸组织（WTO）现行规定下，尚没有针对数字贸易的专门规则，现有的相关规则制定也大多集中于 WTO 框架下的协定文本及附件中，已无法满足全球数字贸易发展带来的规则需求。正因为缺少全球性规则和一致性监管方案，数字经济发展不同程度地遭到了市场准入限制、本地化要求、知识产权、数据隐私、网络安全、税收和管辖权不确定性等壁垒和挑战。

有专家分析指出，目前全球数字经贸规则主要由三种力量所主导：一是美国提出的倡导支持数据自由流动、反对服务器和数据本地化要求的模式；二是欧盟为代表的强调隐私、视听产品例外、知识产权和消费者保护的模式；三是中国为代表的强调数字主权的治理模式。显然，上述三方数字贸易主张存在明显差异，在此背景下，DEPA 协定作为推动数字经贸规则的第四种力量，理应得到关注。

目前，中国数字经济总量世界第二，事实上也是全球数字经济创新的重要策源地。2021 年中国数字经济规模达 45.4 万亿元，GDP 占比已从 2008 年的 15.2% 增长至 2021 年的 39.8%。与此同时，数字经济国际合作的“中国方案”，在国际上又是缺位的。最直接的表现就是，尽管中国数字经济已走在了全球前列，甚至在一些赛道上已实现了领跑，但由于缺乏相匹配的话语权，在许多经贸规则上不得不选择被动接受。

增强数字经济的国际话语权，中国既有这个需要，也具备了这种能力。正如商务部新闻发言人所说，此次中国申请加入 DEPA 并积极推动加入进程，一方面充分体现了中国与高标准国际数字规则兼容对接、拓展数字经济国际合作的积极意愿，是中国持续推进更高水平对外开放的重要行动。另一方面，中国这一举措既有利于推动数字贸易领域扩大开放，与成员国建立起规则相通、标准相容的一体化数字贸易市场，也有利于扩展与各国在新兴数字领域的互利合作，为企业带来数字产业合作商机，促进各方数字经济发展。

一个值得关注的技术细节是，DEPA 协定由商业和贸易便利化、商业和消费者信任、数字身份、中小企业合作等 16 个主题模块构成，相关成员国不必同意 DEPA 的全部内容，可选择符合自己利益诉求的模块选择性加入。事实上，这与中国提出的“共同塑造开放、安全的数字经济发展环境，共享数字经济发展红利”目标是完全一致的，而中国的积极姿态与实际行动，也将进一步增强 DEPA 协定的国际影响力。

（刊发于 2022 年 8 月 26 日时评版）

加快释放稳增长政策组合效应

稳增长政策迎来 2.0 版本。日前，国务院常务会议推出 19 项接续政策措施，再次向市场释放重大利好。这是时隔 3 个月后，国务院常务会议对加力巩固经济恢复发展基础作出的又一重大部署。

今年以来，受一些超预期因素影响，我国经济运行出现了较大波动，特别是二季度经济增速下滑幅度较大。对此，今年 5 月 23 日召开的国务院常务会议推出了六方面 33 项一揽子稳经济措施，旨在推动经济回归正常轨道，确保经济运行在合理区间。

应该说，上述一揽子稳经济政策举措对稳住上半年经济基本盘、推动经济恢复发展起到了积极作用。但也要看到，经济恢复本身仍面临较多不确定不稳定因素，特别是 7 月份规模以上工业增加值、社会消费品零售总额、固定资产投资、就业等主要经济指标同比增速均有所回落，先行指标制造业采购经理指数（PMI）连续两个月徘徊在50%的荣枯线以下，表明当前经济恢复增长的基础仍不牢固。

面对经济运行中的变化，及时果断施策并保持合理的政策规模，既不搞“大水漫灌”也不能透支未来，是决策层多年来在宏观调控中总结形成的宝贵经验。正是基于对当前经济恢复不及预期以及就业等领域新问题的综合考量，此次推出的 19 项接续政策措施，是对上一轮一揽子稳增长政策的再聚焦再加码，强调在提高针对性有效性的基础上，加快释放政策的组合效应，推动经济企稳向好并运行在合理区间，努力争取最好结果。

总体看，19 项接续政策措施仍坚持以财政与基建为主要抓手，明确了房地产政策走向，在稳就业方面更加突出民营企业和平台经济的作用。此外，对涉及粮食、能源、物流、外贸等领域也作出相应部署，特别是对商务人员出入境提供便利，被认为是防疫政策优化迈出的重要一步。

具体到操作层面，有三方面变化值得关注：一是财政依然是下半年稳增长的先手棋。在各级财政压力有所加大的情况下，财政政策更加强调对存量空间和政策性金融工具的合理使用。本次会议新增了 3000 多亿元政策性金融工具和 5000 多亿元专项债限额空间，市场机构预测，这累计 8000 多亿元的资金空间，有望拉动新增基建投资约 1.9 万亿元。这意味着，今年全年基建投资增速或将达到 10% 左右，对稳增长支撑作用更加凸显。

二是稳楼市举措更趋明朗。接续措施中有关“允许地方‘一城一策’运用信贷政策，合理支持刚性和改善性住房需求”的表述，向市场传递出更大范围降低首付、放松限购限贷等积极信号，有利于稳定房地产市场预期，促进行业平稳健康发展。不过，各地发展情况不一，在“房住不炒”的前提下，上述政策效果究竟如何，还有待市场检验。

三是对平台经济发展的新要求值得关注。近两年来，平台经济经历了从“强化反垄断和防止资本无序扩张”到“设置资本红绿灯”“促进平台经济健康发展”的新阶段，政策重心也实现了从监管对象向稳就业载体的角色转变，平台经济营商环境持续优化。可以肯定的是，未来平台经济在保市场主体、稳就业方面的作用将得到进一步强化。

从政策力度看，稳经济一揽子政策及接续政策的力度已超2020年，这也意味着对各地加快落细落实上提出了更高要求。当前，我国经济仍处于企稳回升的关键窗口期，而三季度对于全年经济运行又至关重要。当务之急，有关部门和地方应尽快出台政策细则及配套措施，把政策措施的组合效应转化为经济恢复增长的持久动力。

（刊发于2022年9月2日时评版）

月饼“限价”并非多此一举

临近中秋，月饼又成了市场各方绕不过去的话题。

去年，上海某酒店推出的售价1688元茅台咖啡月饼礼盒、某冰淇淋企业与海外博物馆售价1188元的联名月饼礼盒，一度成为舆论热点。今年的中秋月饼没有因各种“奇葩馅料”而引发热议，却被近期出台的一系列月饼监管新政推上热搜。

通常情况下，每年6月都是各大厂家启动月饼生产的月份。今年6月初，国家发展改革委等4部门联合发布《关于遏制“天价”月饼、促进行业健康发展的公告》，明确鼓励经营者生产、销售物美价廉的盒装月饼，提出对单价超过500元的盒装月饼实行重点监管；经营者应当将销售单价超过500元的盒装月饼的交易信息妥善保存2年，以备有关部门依法查核等。

与“天价”月饼相伴生的还有过度包装。8月，市场监管总局印发关于集中整治商品过度包装、“天价”月饼和蟹卡蟹券等问题的通知，在全国范围内开展为期两个月的集中整治。8月15日起正式实施的《限制商品过度包装要求 食品和化妆品》更是明确规定，月饼包装层数最多不超过三层，包装材料不得使用贵金属和红木材料，月饼不应与其他产品混装等。

对小小月饼如此“大动干戈”，其目的就是让月饼回归大众食品属性，让市场消费更加理性，在弘扬传统中秋文化中促进月饼行业健康发展。从近期各地市场反馈看，“天价”月饼已明显减少，绝大多数月饼价格都较为贴近市场需求。不过，网络上也有声音认为，月饼作为普通食品，其价格应交由市场自行调节，不宜以行政手段加以干预。那么，对月饼“限价”是多此一举吗？

确实，我国启动价格市场化改革后，主要由市场决定价格的机制已基本形成，政府定价范围主要集中在网络型自然垄断环节、重要的公用事业和公益性服务三个领域。一直以来，月饼价格均是通过市场形成，由经营者自主决定，政府不进行干预。不过，当月饼市场假借创新噱头搞过度包装、过度营销，继而导致市场上“天价”月饼泛滥时，及时伸出“政府之手”进行干预就十分必要了。

之所以把价格红线设定在 500 元，主要是基于主管部门对于月饼的成本调查。据统计，多年来盒装月饼平均生产成本 70 元 / 盒左右，单价 200 元以下的盒装月饼销售占比达 80% 以上，单价 500 元以上占比约 1%。而近年来出现的“天价”月饼，往往伴随着豪华包装、使用珍稀食材以及搭售高价商品等现象，这些问题主要集中在只占市场销售额约 1% 的单价 500 元以上的月饼中。当然，并不是说就不能生产销售 500 元以上的盒装月饼了，相关规定明确要求，销售单价超过 500 元的盒装月饼，经营者应当保存在交易中合法获得的交易信息，如交易日期、支付记录等，以备有关部门依法查核。

据统计，过去 10 年，我国月饼企业的数量翻了约一倍。数据显示，截至今年 7 月，月饼企业注册量达 40478 家。月饼市场规模也从 2015 年的 131.8 亿元增长到 2021 年的 218.1 亿元。从短期看，月饼“限价”或许会对月饼市场产生一些影响，但从长远看，市场监管红线的划定，月饼企业行为边界的明确，均向经营者释放出明确预期，有利于引导生产经营者合理定价、合规经营，让“轻装上阵”的月饼市场走得更加平稳。

（刊发于2022年9月9日时评版）

后 记

不知不觉中,《每周经济观察》专栏走过了两年多时间。我清楚地记得，2020 年 9 月 1 日早上，刚打开手机，就听到庆东社长的声音留言：开设个人评论专栏，每周一篇，先写 3 年……

虽说是商量口气，但似乎又有些不容推辞，于是就满口答应下来。当时心里还在想，不就是每周一篇稿子么，算不上什么难事。没想到的是，这种“轻敌”思想很快就遭遇到了选题难的考验，还有随之而来的知识积累不足、表达创新瓶颈等焦虑和压力。

时至今日，类似的问题依然经常困扰着我，特别是在媒体融合时代，新传播生态下的本领恐慌，经济专业话题发掘能力的欠缺，一度曾让自己怀疑究竟还能不能坚持下去。

“不管做什么，都不要急于回报。因为播种和收获不在同一个季节，中间隔着的一段时间，我们叫它坚持”“坚持不一定成功，但不坚持一定不会成功”“贵在坚持、贵在落实到位，有效、有力、有序地推动下去，做好、做成、做出实效”……每每出现懈怠情绪时，社长及编委会领导总会以各种方式鼓劲加油，周围同事也给予无私的点拨与帮助，应该说，正是这份和舟共济的努力,《每周经济观察》专栏才得以顺利坚持下来。

在我 20 年的记者生涯里，两年多的专栏写作虽然时间不长，但要在完成本就比较繁忙的日常报道基础上，每周完成一篇高质量的评论作品，于我而言，确实是一次前所未有的高强度压力测试，更是一次弥足珍贵的职业素养提升机会。在此，要特别感谢报社给予我的充分信任以及足够大的写作空间，最大程度地保留住了专栏的个人风格，让很多严肃话题有了更加多元的个性化表达。

倍感荣幸的是，在经济日报创刊40周年之际，《每周经济观察》等专栏评论作品能集结成册，既是对几代经济报人开拓创新、砥砺前行的致敬，也是新一代经济报人踔厉奋发、接续努力的郑重宣示。我们坚信，对历史最好的赞礼，就是书写新的历史；对未来最好的把握，就是开创更美好的未来。

顾阳

2022年11月

图书在版编目（CIP）数据

每周经济观察 / 顾阳著. -- 北京：经济日报出版社，2022.12

ISBN 978-7-5196-1212-2

Ⅰ.①每… Ⅱ.①顾… Ⅲ.①世界经济-文集 Ⅳ.①F11.53

中国版本图书馆 CIP 数据核字（2022）第 193956 号

每周经济观察

作　　者	顾　阳
责任编辑	陈礼滟
责任校对	赵　洋
出版发行	经济日报出版社
地　　址	北京市西城区白纸坊东街 2 号 A 座综合楼 710（邮政编码：100054）
电　　话	010-63567684（总编室）
	010-63584556（财经编辑部）
	010-63567687（企业与企业家史编辑部）
	010-63567683（经济与管理学术编辑部）
	010-63538621　63567692（发行部）
网　　址	www.edpbook.com.cn
E-mail	edpbook@126.com
经　　销	全国新华书店
印　　刷	北京中科印刷有限公司
开　　本	710 毫米×1000 毫米　1/16
印　　张	19
字　　数	216 千字
版　　次	2022 年 12 月第 1 版
印　　次	2022 年 12 月第 1 次印刷
书　　号	ISBN 978-7-5196-1212-2
定　　价	58.00 元